O TERAPEUTA DE FAMÍLIA E DE CASAL:

COMPETÊNCIAS TEÓRICAS, TÉCNICAS E PESSOAIS

O TERAPEUTA DE FAMÍLIA E DE CASAL:

COMPETÊNCIAS TEÓRICAS, TÉCNICAS E PESSOAIS

SOLANGE MARIA ROSSET

O terapeuta de família e de casal: competências teóricas, técnicas e pessoais

Copyright © 2021 Artesã Editora

1ª edição - 1ª reimpressão março de 2024

É proibida a duplicação ou reprodução deste volume, no todo ou em parte, sob quaisquer formas ou por quaisquer meios (eletrônico, mecânico, gravação, fotocópia, distribuição na Web e outros), sem permissão expressa da Editora.

DIRETOR
Alcebino Santana

DIREÇÃO DE ARTE
Tiago Rabello

REVISÃO
Silvia P. Barbosa

IMAGEM DE CAPA
Marcos Paulo Prado/Unsplash

PROJETO GRÁFICO E DIAGRAMAÇÃO
Conrado Esteves

R829   Rosset, Solange Maria, 1953-.
        O terapeuta de família e de casal : competências teóricas, técnicas e pessoais / Solange Maria Rosset. – Belo Horizonte : Artesã, 2021.
        160 p. ; 23 cm.
        ISBN. 978-65-86140-57-6
1. Terapia sistêmica (Terapia familiar). 2. Psicoterapia. I. Título.
        CDU 159.9.018

Catalogação: Aline M. Sima CRB-6/2645

IMPRESSO NO BRASIL
Printed in Brazil

📞 (31)2511-2040   💬 (31)99403-2227
🌐 www.artesaeditora.com.br
📍 Rua Rio Pomba 455, Carlos Prates - Cep: 30720-290 | Belo Horizonte - MG
📷 📘 /artesaeditora

Sumário

I. INTRODUÇÃO 11
   1. Competência 13
      A. Definição geral 13
      B. Para a Terapia Relacional Sistêmica 13
      C. Compreensão sistêmica 13
   2. Terapia Relacional Sistêmica 14

II. COMPETÊNCIAS TEÓRICAS 21
   1. Pensamento sistêmico 23
      A. Pensar sistemicamente 23
      B. Paradoxo do pedido 24
   2. Autores de base da Terapia Relacional Sistêmica 25
      A. Maurizio Andolfi 26
      B. Murray Bowen 27
      C. Virginia Satir 29
      D. Carl Whitaker 31
      E. Salvador Minuchin 32
   3. Teoria das Colusões de Casal, Jürg Willi 34
      A. Ideia de colusões 34
      B. Casais colusivos 35

    C. Progressivo e regressivo......... 36
    D. Sobre a colusão......... 37
    E. Quatro esquemas do jogo conjunto inconsciente dos casais......... 38
    F. Aspectos da terapia do casal......... 39
4. Comunicação: Axiomas......... 40
5. Pensamento relacional sistêmico......... 43
    A. Escolhas......... 43
    B. Desenvolvimento da consciência......... 44
    C. Das vítimas e bandidos para jogo complementar......... 45
    D. Do "Por quê" para o "Para quê" e o "Como"......... 45
    E. Da compreensão para a mudança......... 46
    F. Sem certo e errado pré-definido......... 46
    G. Circularidade......... 47
    H. Padrão de Funcionamento......... 47
    I. Álibis Relacionais......... 48
    J. Compulsões Relacionais......... 49
    K. Responsabilidade......... 49
    L. Recaídas......... 50
    M. Sintomas......... 50
6. Ciclos vitais......... 50
    Nascer......... 51
    Andar......... 51
    Falar......... 52
    Nascimento de irmãos......... 52
    Ir à escola......... 52
    Alfabetização......... 53
    Pré-adolescência......... 53
    Adolescência......... 54
    Adulto jovem......... 54
    Adulto......... 54

Saída de casa	55
Formação do sistema conjugal	55
Nascimento dos filhos	55
Famílias com adolescentes	56
Lançando os filhos	56
Meia idade	56
Menopausa	56
Aposentadoria	57
Velhice	57
Morte	57
Divórcio	58
Recasamento	59
Acidentes	60
Perdas	60

III. COMPETÊNCIAS TÉCNICAS 63
  1. Regras básicas 65
    A. Encaminhamento e pedido 66
    B. Primeiro telefonema 67
    C. Primeira sessão 69
    D. Planificação dos casos 73
  2. Postura 75
    A. Coerência 75
    B. Responsabilidade e Possibilidades 76
    C. Trabalho pessoal do terapeuta 77
  3. Redefinição 77
  4. Enxergar padrão de funcionamento 79
    A. Partindo do pressuposto de que padrão de funcionamento 79
    B. Como enxergar o padrão de funcionamento 80
    C. Como mostrar ao cliente seu padrão de funcionamento 81
  5. Estratégias terapêuticas 82

6. Trabalho de crise 84
7. Desenvolvimento de Pertinência para a mudança 86
   A. Definição 86
   B. Avaliação da pertinência 86
   C. Trabalho de crise, sessões pontuais ou terapia processual 88
   D. Desenvolver e trabalhar a pertinência 88
   E. Postura do Terapeuta 89
8. O uso de técnicas como estratégia terapêutica 89
   A. Indicação de técnicas 89
   B. Quando e por que se usam técnicas 90
   C. Definição do objetivo da técnica 91
   D. Adequação da técnica ao objetivo e ao momento ... 91
   E. Cuidados necessários 93
9. Auto-supervisão 94
   A. Auto-supervisão de primeiro nível 95
   B. Auto-supervisão de segundo nível 96
10. O Processo do Terapeuta 97
    Treinos e Aprendizagens do Terapeuta 98
11. Recaídas 100
12. Padrão de Funcionamento do sistema terapêutico 101
13. Mudança 103
    A. Mudança e persistência 103
    B. Dificuldade e problema 103
    C. A arte de reformular para desencadear a mudança ... 103
    D. Prática da mudança 104
    E. Jogo do sem fim 104
    F. Processo de mudança 104
    G. Mudança de primeira e de segunda ordens 105
14. Paralelo do controle de esfíncter 105
    A. No processo de desenvolvimento 107

B. Na avaliação da pertinência para a mudança 108

   C. No processo de aprendizagem 110

   D. No processo de controle das compulsões 111

15. Etapas do trabalho clinico 114
16. Instrumentação do tempo 115
17. Tarefas 117
18. Uso de rituais na prática clínica 119
19. Um olhar especial 122

   A. Famílias funcionais 122

   B. Famílias com crianças pequenas 123

   C. Famílias com adolescentes 124

   D. Supervisão de pais 128

   E. Terapia para separação ou divórcio 129

20. Processo 130

   A. Sobre processo 130

   B. Sobre processo na Compreensão Relacional Sistêmica 131

   C. Processo: Consciência Aprendizagem Mudança 131

   D. Sobre processo terapêutico em geral 133

   E. Sobre processo no trabalho com Padrão de Funcionamento 133

IV. COMPETÊNCIAS PESSOAIS 135

1. Aprendizagens sistêmicas básicas 138

   A. Pertencer e Separar 138

   B. Rejeitar e ser rejeitado 139

   C. Dar e receber 140

   D. Direitos e deveres 140

   E. Culpa e responsabilidade 141

   F. Público e privado, Intimidade e privacidade 141

   G. Solidão 143

   H. Individualidade 144

2. Consciência do próprio Padrão de Funcionamento...............145
3. Competências complementares...145

    A. Trabalho de crise, sessões
    pontuais ou terapia processual..146

    B. Saber estar próximo para sentir
    e distante para enxergar...146

    C. Flexibilizar...146

    D. Usar intuição mas plugar
    no teórico/técnico/planificado...147

    E. Conhecer sobre funcionamento
    psicótico e neurótico..147

    F. Saber sair ou lidar com situações que impactam..............148

    G. Conter aspectos do seu Padrão de
    Funcionamento que não são úteis naquele
    momento, naquela situação ou para aquele cliente.............148

    H. Ter conhecimento e discernimento das
    formas de trabalhar o padrão de funcionamento..................148

    I. Coragem e ousadia com discernimento...............................148

V. CONCLUSÃO..149

VI. BIBLIOGRAFIA...153

    Bibliografia básica 155

    Bibliografia indicada..156

    Bibliografia complementar..157

    Textos de Solange Rosset sobre o tema do livro....................157

I. INTRODUÇÃO

1. Competência

A. Definição geral

Competência é a soma de conhecimentos ou de habilidades usadas para desenvolver uma tarefa ou uma atribuição.

B. Para a Terapia Relacional Sistêmica

Um terapeuta competente tem *bagagem teórica e técnica*, com *experiência pessoal* e *profissional*; e é apto a usar sua bagagem no intento de auxiliar seu cliente a enxergar seu próprio padrão de funcionamento, ajudá-lo a fazer as aprendizagens necessárias e a desencadear as mudanças pertinentes.

Um terapeuta será cada vez melhor na medida em que tenha consciência do seu próprio funcionamento, e, que consiga utilizar seus pontos fracos e fortes, estrategicamente, de forma a ser útil para o cliente.

C. Compreensão sistêmica

A separação das competências em teóricas, técnicas e pessoais é apenas didática, pois de fato elas são interligadas e uma desencadeia e é desencadeada pelas outras.

2. Terapia Relacional Sistêmica

A base deste livro e das ideias nele apresentadas é a Terapia Relacional Sistêmica

A estruturação da Terapia Relacional Sistêmica aconteceu em Curitiba, Paraná, na década de 1980. A necessidade de dar um "rótulo" ao trabalho desenvolvido surgiu em função de que, desde o início das atividades com Terapia Sistêmica já estavam integrados, na prática clínica, outros modelos – a terapia psicodramática e a terapia corporal.

Então, em 1989, o trabalho (clínico e de formação de profissionais) foi reorganizado e recebeu um nome que o diferenciasse das demais linhas clínicas e sistêmicas. Foi assim registrada a **Terapia Relacional Sistêmica**.

Terapia, porque pressupõe que todas as situações, aprendizagens e relações podem ser terapêuticas.

Relacional porque propõe um trabalho focado na relação terapêutica, na compreensão dos conteúdos relacionais da situação real do cliente, na compreensão do homem como um ser em relação e com possibilidade de perceber e ter mais controle sobre seus traços de caráter através do trabalho relacional na sessão terapêutica.

Sistêmica porque o enquadramento, a proposta terapêutica, o trabalho com foco e a leitura básica são realizados dentro do enfoque sistêmico.

No entanto, para compreender quais são os aspectos particulares da Terapia Relacional Sistêmica, torna-se necessário delimitar as influências mais significativas: a Terapia Psicodramática, a Terapia Corporal e a Terapia Sistêmica.

Do Psicodrama, foram incorporados:

- a proposta básica da Relação Terapêutica: o processo terapêutico visto como um relacionamento experiencial entre cliente e terapeuta, com potencial terapêutico[1];
- o trabalho focado no momento, no aqui e agora: na vivência do momento presente, na relação terapêutica[2];

---

[1] FONSECA FILHO, J. *Psicodrama da loucura*. São Paulo: Agora, 1980. p. 28.
[2] *Ibid.*, p. 07.

- as teorias de Matriz de Identidade[3] e Núcleo do EU[4] para a compreensão do processo de desenvolvimento;
- as noções de contextos e níveis de trabalho[5];
- o instrumental técnico psicodramático: possibilidades de usar a ação como instrumento terapêutico[6].

Também foram agregados:

- a filosofia e a forma de ver o homem[7] [8];
- a proposta da terapia como um espaço de ação e relação[9] [10];
- os conceitos de espontaneidade e criatividade[11];
- a noção de catarse de integração[12] [13].

Essa abordagem possibilitou desenvolver a habilidade de usar instrumentos técnicos para facilitar o andamento das sessões, a compreensão e as vivências de que os clientes necessitavam[14] [15] [16] [17] [18] [19] [20] [21] [22] [23].

---

[3] *Ibid.*, p. 83.
[4] DIAS, V. R. C. S. *Psicodrama. Teoria e prática.* São Paulo: Agora, 1987. p. 11.
[5] ROJAS-BERMUDEZ, J. G. *Introdução ao psicodrama.* São Paulo: Mestre Jou, 1980. p. 25 e 28.
[6] MONTEIRO, R. F. *Técnicas fundamentais do psicodrama.* São Paulo: Agora, 1998.
[7] FONSECA FILHO, J. *Psicodrama da loucura.* São Paulo: Agora, 1980. p. 6, 11 e 25.
[8] MENEGAZZO, C. M. *Magia, mito e psicodrama.* São Paulo: Agora, 1994. p. 69.
[9] FONSECA FILHO, J. *Psicodrama da loucura.* São Paulo: Agora, 1980.
[10] FONSECA FILHO, J. *Psicoterapia da relação.* São Paulo: Agora, 2000. p. 22.
[11] MORENO, J. L. *Psicodrama.* São Paulo: Cultrix, 1975. p. 135.
[12] ROJAS-BERMUDEZ, J. G. *Introdução ao psicodrama.* São Paulo: Mestre Jou, 1980. p. 48.
[13] MORENO, J. L. *Psicodrama.* São Paulo: Cultrix, 1975. p. 63.
[14] MORENO, J. L. *Psicodrama.* São Paulo: Cultrix, 1975.
[15] WILLIAMS, A. *Psicodrama estratégico.* São Paulo: Agora, 1994.
[16] DIAS, V. R. C. S. *Psicodrama – teoria e prática.* São Paulo: Agora, 1987.
[17] MONTEIRO, R. F. *Técnicas fundamentais do psicodrama.* São Paulo: Agora, 1998.
[18] DIAS, V. R. C. S. *Análise psicodramática.* São Paulo: Agora, 1994.
[19] BUSTOS, D. M. *Novas cenas para o psicodrama.* São Paulo: Agora, 1999.
[20] FONSECA FILHO, J. *Psicodrama da loucura.* São Paulo: Agora, 1980.
[21] FONSECA FILHO, J. *Psicoterapia da relação.* São Paulo: Agora, 2000.
[22] MENEGAZZO, C. M. *Magia, mito e psicodrama.* São Paulo: Agora, 1994.
[23] ROJAS-BERMUDEZ, J. G. *Introdução ao psicodrama.* São Paulo: Mestre Jou, 1980.

Da Terapia Corporal e de Energia foi adotada como base a Compreensão Energética dos seres vivos, com os seguintes conceitos:

- a noção de economia da energia: fluxo, carga, descarga, relaxação[24];
- a teoria do desenvolvimento de caráter para compreensão do funcionamento dos indivíduos[25 26 27];
- o arsenal técnico e a permissão para o contato corporal com o cliente[28];
- a compreensão do ser humano como um campo energético[29 30];
- a possibilidade de trabalhar sem dicotomizar a pessoa (corpo/mente/relação)[31 32];
- a compreensão para desenvolver um trabalho preventivo[33 34 35].

---

[24] LOWEN, A. *Bioenergética*. São Paulo: Summus, 1982. p. 40.
[25] BAKER, E. F. *O labirinto humano*. São Paulo: Summus, 1980. p. 123.
[26] LOWEN, A. *Bioenergética*. São Paulo: Summus, 1982. p. 131.
[27] REICH, W. *Análise do caráter*. São Paulo: Martins Fontes, 1972. p. 181.
[28] LOWEN, A. *Bioenergética*. São Paulo: Summus, 1982. p. 60.
[29] *Ibid*.
[30] COSTA, R. A. *Sobre Reich*: sexualidade e emoção. Rio de Janeiro: Achiamé, 1984. p. 27.
[31] DYCHTWALD, K. *Corpomente*. São Paulo: Summus, 1984.
[32] REICH, E.; ZORNANSZKY, E. *Energia vital pela bioenergética suave*. São Paulo: Summus,1998. p. 290.
[33] BAKER, E. F. *O labirinto humano*. São Paulo: Summus, 1980. p. 265.
[34] LOWEN, A. *O corpo em terapia*. São Paulo: Summus, 1977. p. 141.
[35] REICH, E.; ZORNANSZKY, E. *Energia vital pela bioenergética suave*. São Paulo: Summus,1998. p. 22 e 102.

Essa orientação possibilitou que a terapia fosse realmente um processo atuante e integrador[36][37][38][39][40][41][42][43][44][45][46].

Da Terapia de Sistemas Familiares, foi adotada a leitura sistêmica das situações, bem como a postura básica de que a responsabilidade do processo é do cliente e de que o foco da terapia é a mudança. Foram integradas, ainda, as intervenções sistêmicas, a instrumentação do tempo, o planejamento dos atendimentos visando eficácia e o enquadre básico do processo terapêutico. As ideias básicas do trabalho foram fortemente influenciadas pelas propostas terapêuticas de Maurizio Andolfi[47][48], Carl Whitaker[49][50], Salvador Minuchin[51][52], Virgínia Satir[53] e Murray Bowen[54].

Nesses mais de 30 anos, a Terapia Relacional Sistêmica foi se solidificando e aprimorando a partir dos cursos de formação e da experiência dos terapeutas relacionais sistêmicos.

A Terapia Relacional Sistêmica não é uma técnica para terapias, nem uma estratégia clínica, nem uma forma de atender determinada

---

[36] LOWEN, A. *Bioenergética*. São Paulo: Summus, 1982.

[37] LOWEN, A. *O corpo em terapia*. São Paulo: Summus, 1977.

[38] DYCHTWALD, K. *Corpomente*. São Paulo: Summus, 1984.

[39] REICH, W. *Análise do caráter*. São Paulo: Martins Fontes, 1972.

[40] REICH, W.; ZORNANSZKY, E. *Energia vital pela bioenergética suave*. São Paulo: Summus,1998.

[41] BAKER, E. F. *O labirinto humano*. São Paulo: Summus, 1980.

[42] COSTA, R. A. *Sobre Reich*: sexualidade e emoção. Rio de Janeiro: Achiamé, 1984.

[43] ROSSET, S. M. *Prevenção de neurose*. Curitiba, 1984.

[44] ROSSET, S. M. *Psicologia do parto*. Curitiba, 1983.

[45] ROSSET, S. M. *Corpo, mito, destino e liberdade*. Curitiba, 1991.

[46] ROSSET, S. M. *Aplicação da abordagem corporal na terapia de casal e família*. Curitiba, 2005.

[47] ANDOLFI, M. *A terapia familiar*. Lisboa: Editorial Veja, 1981.

[48] ANDOLFI, M. et al. *Por trás da máscara familiar*. Porto Alegre: Artes Médicas, 1984.

[49] WHITAKER, C. *Dançando com a família*. Porto Alegre: Artes Médicas, 1990.

[50] NNEIL, J. R.; KNISKERN, D. P. *Da psique ao sistema*. A evolução da terapia de Carl Whitaker. Porto Alegre: Artes Médicas, 1990.

[51] MINUCHIN, S. *Famílias*: funcionamento e tratamento. Porto Alegre: Artes Médicas, 1990.

[52] MINUCHIN, S.; FISHMAN, H. P. *Técnicas de terapia familiar*. Porto Alegre: Artes Médicas, 1990.

[53] SATIR, V. *Terapia do grupo familiar*. Rio de Janeiro: Francisco Alves, 1977.

[54] BOWEN, M. *De la familia al individuo*. Barcelona: Paidós, 1991.

clientela. É, antes de qualquer atendimento ou técnica, *uma postura perante a vida*.

Por ser uma forma de pensar a realidade, de estar nas relações e situações, podemos adequá-la a vários tipos de clientes – indivíduos, casais, famílias, grupos, instituições – mantendo-se suas propostas de orientação.

Tem a possibilidade de atender clientes, independentemente do tipo das queixas ou sintomas, pois atua focando *o padrão de funcionamento* que está dando base para as dificuldades ou os problemas relatados.

A Terapia Relacional Sistêmica fundamenta-se em alguns pressupostos básicos, indicados a seguir:

- O indivíduo é sempre visto em um sistema. O indivíduo isolado não existe; é uma abstração. Ele está inserido em vários sistemas, mas a família de origem é sua matriz básica.
- A família em si é uma unidade, como um organismo, em que todas as partes estão ligadas e interagem, que compreende não só a família atual, como a trigeracional. Há um movimento contínuo, circular, de trocas entre o sistema familiar e a estrutura individual. Dessa forma, o indivíduo é um elemento potencial de entrada de novos estímulos no sistema, ao mesmo tempo em que vive complexidades, contradições e conflitos dentro da sua rede interacional.
- Os sistemas (famílias, indivíduo, grupo, instituição) funcionam com um *quantum* de energia e vitalidade; de forma flexível e fluída ou congelada e repetitiva. A forma de circulação da energia determina o nível e a quantidade de saúde do sistema.
- O sintoma pode ser visto de várias formas, entre elas como:
  - Uma forma de comunicação;
  - Uma escolha (a menos pior);
  - Uma forma de linguagem;
  - Uma equilibração do sistema.
- O trabalho terapêutico não é centrado em resolver o sintoma, nem em descobrir o porquê do sintoma, mas sim em *auxiliar o sistema a ampliar seu desenvolvimento e crescimento*. Para isso, o sintoma é importante como um farol na escuridão, como um fiel da balança, como um indicador do andamento do processo.

- O nível de consciência que a pessoa tem do seu próprio padrão de funcionamento faz a diferença; a partir dessa consciência, pode se responsabilizar pelas aprendizagens e mudanças necessárias, de forma a desenvolver controles sobre suas compulsões de funcionamento.
- Cada sistema (indivíduo, casal, família, grupo) tem seu próprio Padrão de Funcionamento. Trabalhar em função de descobrir e alterar tal padrão é uma das razões da psicoterapia.

Os pressupostos descritos anteriormente subsidiam uma forma de atuação do terapeuta que define uma postura coerente com eles.

- A tarefa básica do terapeuta é enxergar e adequar-se ao que é útil para o cliente naquele momento específico. Não importa o que o terapeuta sabe ou compreende do cliente, mas, sim, sua habilidade em colocar o que sabe e vê como instrumento de auxílio para ele, dosando as informações, as interpretações e as marcações para que o cliente possa usar de forma adequada.
- Um dos itens importantes na postura terapêutica é o desenvolvimento da compaixão pelas dificuldades, defesas, resistências e limites do cliente. Compaixão é mais que compreensão, paciência, respeito. É abrir realmente seu coração para a dor, a dificuldade, a mediocridade do outro.
- Outra questão importante é sintetizada pela frase metafórica: "não dar mingau para quem já tem dentes para comer costela". Isso se refere ao treino do terapeuta em diferenciar quando o cliente está realmente frágil e vulnerável, necessitando de cuidados e continente ("precisa de mingau"), daquele momento em que ele está usando suas dificuldades como álibis para não ir adiante, para não se responsabilizar, para não assumir suas questões ("já tem dentes fortes, mas continua pedindo mingau").

O trabalho clínico será realizado levando em conta alguns aspectos:

- Não priorizar o sintoma, mas sim a mudança e a aprendizagem de novos padrões de relação. Com isso, não se isola o sintoma ou a área sintomática do contexto mais amplo da pessoa e das relações.

- Fazer a leitura da rede de relações, buscando a compreensão do grupo e do indivíduo; auxiliando o cliente a enxergar, tomar consciência e responsabilizar-se por suas ações e reações relacionais.
- Intervir considerando e rearranjando as relações entre os indivíduos e do indivíduo consigo mesmo, sendo a própria relação com o terapeuta um modelo de consciência e mudança.[55]
- Trabalhar com a identidade familiar e a identidade pessoal nas vertentes do pertencer e do diferenciar-se.[56]
- Usar os diversos níveis de comunicação verbal, não-verbal, para verbal e as situações terapêuticas que ocorrem na própria rede relacional do cliente, nas definições das tarefas e na relação terapêutica.
- Identificar os padrões repetitivos de funcionamento da mente, das emoções e da rede de relações do cliente.
- Focar no **para quê** de uma determinada ação, evitando se preocupar com o **porquê**.
- Usar um amplo arsenal técnico e relacional [57] [58].
- Dar ênfase ao vivido, experimentado, na sessão ou fora da sessão, às tarefas e prescrições. Através da confecção de um trabalho específico, único, particular a cada pessoa, casal ou família, a terapia sai da padronização para a criação.
- Planejar o processo terapêutico e as sessões.
- Usar as estratégias necessárias para encaminhar e auxiliar o cliente a desenvolver consciência do seu próprio funcionamento, das aprendizagens e das mudanças a serem realizadas.

---

[55] ROSSET, S. M. *Padrão de interação do sistema terapêutico*. Texto apresentado no 13. Congresso Internacional de Terapia Familiar da IFTA, Porto Alegre, nov. 2001b.
[56] BOWEN, M. *De la familia al individuo*. Barcelona: Paidós, 1991.
[57] ROSSET, S. M. *Padrão de interação do sistema terapêutico*. Texto apresentado no 13. Congresso Internacional de Terapia Familiar da IFTA, Porto Alegre, nov. 2001b.
[58] ROSSET, S. M. *123 técnicas de psicoterapia relacional sistêmica*. Belo Horizonte: Ed. Artesã, 2017.

II. COMPETÊNCIAS TEÓRICAS

1. Pensamento sistêmico

A. Pensar sistemicamente

Pensar sistemicamente engloba:

Complexidade: O pensamento complexo aborda as contradições e as variáveis em vez de excluí-las. As situações da vida não são simples estímulos e respostas, são sempre mais amplas. Não têm uma só causa, mas sim uma interação entre causas variadas e fatos.

Causalidade circular: Esta compreensão de interdependência trouxe a passagem da causalidade linear para a circular, já que as influências não são unilaterais. Os controles são baseados na transferência de informação, com particular interesse na causalidade circular e na retroalimentação do sistema.

Autorregulação: À medida que o sistema vai funcionando, vai também sendo informado dos resultados produzidos por seu funcionamento e, a partir disso, vai mudando e garantindo sua autorregulação.

Contexto: Nada pode ser explicado sem sua conexão com o contexto. Olhar para o contexto é a base da compreensão do sistema. É o que define se os fatos e as situações são funcionais ou não; como os fenômenos estão acontecendo, e todas as outras avaliações.

Estabilidade e Instabilidade: Demonstram e regulam o processo de existência e crescimento do sistema. Será sempre um equilíbrio dinâmico entre as duas.

Objetividade: A objetividade é entre parênteses. Objetividade entre parênteses é quando a realidade depende de o observador questioná-la e construir seu entendimento, assimilando-a. A objetividade entre parênteses é aquela em que o observador se encontra inserido no contexto, ou seja, assume que a realidade depende do observador, a pergunta depende de ele fazê-la e a resposta depende de suas conexões cognitivas internas.

Isomorfismo: As propriedades e/ou funções são semelhantes e são observáveis no sistema e nas suas partes – subsistemas – assim como no supra sistema.

Todo e parte: A inter-relação entre o todo e as partes é contínua e redefinidora.

Autonomia e dependência: Para evolução do sistema essas duas forças precisam coexistir; sendo que a autonomia leva à diferenciação do sistema dos supra sistemas, e a dependência responde pelo fortalecimento da identidade do sistema.

Funcionalidade e disfuncionalidade: Compreendendo que é considerado funcional o comportamento – ou fato, ou tarefa, ou interação – que leva a uma *aprendizagem*, ao *crescimento* e *movimento* e está coerente com o contexto de *espaço* e *tempo*.

Fronteiras (membranas): É o limite virtual que define quem pertence e quem não pertence a um determinado sistema. A membrana pode ser rígida, tênue ou nítida, definindo a possibilidade de relação ou de troca com o exterior.

Abertura e fechamento: A coexistência de funções que permitem relação com o externo – gerando aprendizagem e mudança – e o movimento de fechamento – que fortalece a identidade e estabilidade do sistema – definem o funcionamento do sistema.

Padrão de Interação: É a forma básica do sistema funcionar e interagir. Aparece através de elementos que se repetem nas interações e que obedecem a regras fixas.

B. Paradoxo do pedido

Uma das ideias básicas na Terapia Sistêmica é que o pedido do cliente sempre é paradoxal.

Na compreensão do funcionamento dos sistemas, sabe-se que as forças de mudança e de persistência coabitam dentro do sistema. Sempre que se aciona uma, desencadeia a outra. Quando o cliente aciona seu desejo de mudança, desencadeia seu desejo de permanecer igual: "Quero que tudo mude, mas que tudo permaneça igual". Quer que tudo mude porque o sofrimento é intenso; o mal-estar e a dor estão tornando a vida insatisfatória, desprazerosa ou insuportável; porém, o medo do desconhecido, as dificuldades que a mudança trará e a desacomodação que isso significa trazem à tona o desejo da não-mudança.

    O paradoxo do pedido pode estar depositado em pessoas diferentes do sistema ou aparecer no próprio funcionamento do sistema ao vir à terapia. Ao saber que isso ocorre sempre, em todas as situações terapêuticas e com todos os clientes, mesmo que em níveis diferentes, os terapeutas devem desenvolver uma postura coerente. Isso significa não interpretar como resistência ou maldade do cliente quando ele não faz tarefas, não coopera ou comete falhas e lapsos, ou de outras formas atrapalham o processo terapêutico. E sem rotular como sabotagem ou falta de interesse.

    Toda mudança implica num risco: risco de sair de uma situação que é familiar, por mais desconfortável que possa ser, o risco de "não dar certo" e haver um desgaste energético e relacional, mas, também, o risco de "dar certo" e a vida ficar diferente, fora do controle anterior e com outras e novas dificuldades.

    O terapeuta deverá desenvolver estratégias para lidar com o desejo paradoxal do cliente, tendo paciência e compreensão pelas dificuldades e relutâncias que surgirem. Poderá, inclusive, explicar isso ao cliente, de forma que ele não se sinta confuso ou culpado pelos seus sentimentos e comportamentos. E, por outro lado, criar formas de que esse paradoxo fique consciente para o cliente e auxiliá-lo a ter consciência sobre seus atos.

    Independentemente do que o terapeuta fará e dos comportamentos do cliente, saber que o pedido sempre traz esse paradoxo de ir para a frente e ao mesmo tempo segurar o movimento, fará muita diferença nos encaminhamentos da terapia, e na relação entre cliente e terapeuta.

2. Autores de base da Terapia Relacional Sistêmica

    A Terapia Relacional Sistêmica organizou-se a partir da coerência interna com as propostas teóricas e clínicas de alguns terapeutas sistêmicos que embasaram o trabalho relacional sistêmico. São eles: Maurizio

Andolfi, Murray Bowen, Virginia Satir, Carl Whitaker, Salvador Minuchin. A seguir um resumo dos aspectos de cada autor que influenciou a Terapia Relacional Sistêmica. Como são só um resumo rápido de cada um, se houver interesse, os leitores poderão encontrar maiores explicações e aprofundamento nos livros que são citados na bibliografia.

A. Maurizio Andolfi

Compreende a família como um sistema trigeracional de interações em constante transformação, ativo e autorregulado por regras modificáveis.

O trabalho com a família se organiza na primeira sessão, dividindo-se em: Estádio social (Como a família se apresenta, Relações subsistemas, Relações Pais e Filhos, Relações entre Pais, Relações entre Filhos, Relações membros Família e Terapeuta); Estudo do Problema (Como obter informações sobre o problema, Maneiras incorretas e corretas de colher informações, Observações do Terapeuta, Onde está o problema); Estádio interativo (Ativar comunicação diretas, Receber informações ulteriores, Preparar o caminho para definição de um objetivo terapêutico); Contrato terapêutico; Definição de um objetivo claro, circunstanciado e concreto.

Compreende a *redefinição*[59] como um elemento importante para criar um contexto que possibilite mudanças no funcionamento da família. Existem redefinições da relação terapêutica, do contexto, do problema, do problema em termos positivos, e ampliação do problema.

Trabalha também com prescrições que podem trazer abertura de novas situações familiares. São elas:

- Prescrições reestruturantes: Contra sistêmicas (contrastar a homeostase da família); de Contexto (estabelecer ou manter um contexto terapêutico); de Deslocamento (desloca artificialmente o problema do membro sintomático para outra pessoa ou outro sintoma); de Reestruturação Sistêmica (para reestruturar padrões de interação preexistentes, utilizando elementos do sistema); de Reforço (para reforçar tendências já ativas no sistema FM que

---

[59] ANDOLFI, M. *A terapia familiar*. Lisboa: Editorial Veja, 1981.

podem trazer mudança); de Utilização do Sintoma (ataque ao sintoma aliança ao sistema.)

- Prescrições paradoxais: Prescrição do sintoma; Prescrição das regras do sistema.
- Prescrições metafóricas: objetos, historias ou comportamentos metafóricos auxiliam a flexibilizar a rigidez das famílias[60].

Utiliza também a Provocação como intervenção terapêutica, para desequilibrar o sistema e obter informações úteis, como desafio a função e apoio a pessoa.

B. Murray Bowen

Se posicionava contra o modelo médico de diagnostico psicodinâmico. Evitava os conceitos de psicopatologia, doença, e mesmo a tendência do terapeuta ser visto como o especialista, preferindo chama-lo de consultor ou supervisor[61].

Sobre função: os elementos do sistema atuam suas tarefas e funções em excesso, para regular o equilíbrio do sistema, da família. Isso pode ser de forma temporária – um mecanismo de funcionamento suave, flexível e recíproco – ou crônica – de forma fixa, perdendo a flexibilidade e a aprendizagem.

As metas gerais do trabalho (individual, casal ou família) são:

1) O Terapeuta como consultor na resolução dos problemas ou supervisor para organizar o esforço da família;
2) Tornar os membros da família experts no seu funcionamento;
3) Liberar o sistema imobilizado, restaurando a mobilidade para que possam trabalhar juntos;
4) Restaurar o equilíbrio funcionante por si mesmo; desenvolvimento da autonomia e autorregulação.

---

[60] ANDOLFI, M. et al. *Por trás da máscara familiar*. Porto Alegre: Artes Médicas, 1984. p. 86-93.
[61] BOWEN, M. *De la familia al individuo*. Barcelona: Paidós, 1991.

Ego familiar comum indiferenciado

- É uma identidade emocional, aglutinada, que existe em todas as famílias, em variados níveis.
- É um conglomerado emocional singular que existe em todos os níveis de intensidade da família (desde mais intenso até mais imperceptível).
- Trata-se de um processo emocional que muda dentro do ego familiar nuclear comum (pais mãe, filhos) por padrões definidos de resposta emocional.
- Qualquer membro da família pode estar implicado em diferentes graus. Isto depende da intensidade do processo e do estado funcional das relações individuais com o núcleo central comum familiar.
- Nos períodos de tensão e crise pode chegar a envolver todos e até membros mais periféricos, inclusive parentes, centros sociais, clinicas, escolas e tribunais. Nos períodos de calma, o envolvimento fica relativo, reduzido à um pequeno setor da família.
- Nas versões mais intensas, as relações são tão misturadas que cada um conhece os sentimentos, pensamentos, fantasias e sonhos de cada outro, com fases de rechaço violento que pode durar até anos e inclusive negando implicações emocionais com o outro membro.

O sistema cria mecanismos para controlar a intensidade da fusão de ego, através de:

1) Conflito matrimonial;
2) Disfunção de um esposo;
3) Transmissão do problema a um ou mais dos filhos.

Cada indivíduo tem um determinado nível de diferenciação de ego. Não existe um conceito de normal, o mais importante é a consciência que a pessoa tem do seu funcionamento.

Quanto mais intensa a ego fusão, mais predominam as indiferenciações; mais se vive no mundo dos sentimentos, mais se busca aprovação;

mais se presta, pede, dá, participa dentro do Ego Familiar Comum Indiferenciado; mais se defende dogmas religiosos, valores culturais, superstições e crenças; mais se torna difícil mudar suas ideias rígidas; mais os outros são responsáveis pela sua manutenção e felicidade; mais possibilita contato com a intrapsique do outro: saber intuitivamente o que pensa e sente, difícil a comunicação.

Quanto mais diferenciação do Ego, mais alto nível de funcionamento próprio; maior maturidade emocional.

Transmissão multigeracional de maturidade ou imaturidade

Na maioria das famílias, os pais transmitem parte da sua imaturidade aos filhos, através da relação primeiro com a mãe, depois com o pai e depois com os outros membros da família. Quando duas pessoas se juntam, se somam e dividem e então os filhos ficam na média casal.

Os mecanismos que atuam fora do Ego Familiar Comum Indiferenciado da família nuclear são importantes para determinar o curso e a intensidade do processo dentro da família nuclear. (Família extensa, grupos afetivamente importantes).

Objetivos da terapia

- Diferenciar-se da Família de origem, o Ego Familiar Comum Indiferenciado. Isso é possível através da *destriangulação*, que se dá no desenvolvimento da tarefa de ser um melhor observador, e chegar a controlar a sua emotividade.
- Destriangulação: o objetivo é manter-se constantemente em contato com o sistema emocional que envolve o si mesmo e outras pessoas, sem tomar partido por nenhuma das partes, sem contra-atacar nem se defender e buscando sempre manter uma linha neutra de resposta. Este processo só ocorre quando existe um contexto emocional com o qual se pode tomar contato.

C. Virginia Satir

Foi uma das primeiras terapeutas a ver a família toda nas sessões. Em uma profissão que era predominantemente masculina, ela foi a primeira e, por um longo tempo, a única mulher a ter proeminência.

O foco do seu trabalho era a comunicação e a autoestima[62]. Sua teoria familiar engloba alguns conceitos definidores:

- O casal é o arquiteto da própria família; quando o relacionamento conjugal é disfuncional o paciente identificado desenvolve problemas para conseguir manter a homeostase familiar que levaria à homeostase na relação de casal.
- Autoestima é o ponto central do desenvolvimento emocional; quando é muito reduzida interfere na escolha do cônjuge levando as pessoas a casar para "conseguir".
- A forma de lidar com as diferenças e discordâncias demonstra os aspectos do funcionamento do casal no aspecto da sua autoestima: se têm baixa autoestima não aceitam as diferenças, agem de forma disfuncional, tem demandas veladas e suas acusações também são veladas. Já os casais funcionais, lidam com suas diferenças, discordam e negociam explicitamente.
- As decepções conjugais ligadas à baixa autoestima geram influências no filho, pois, desiludidos com o casamento, usam o filho para representar seu valor perante a sociedade e à família, ou para manter sua autoestima mostrando como o filho gosta deles, ou como uma extensão do seu próprio self.
- O que os filhos necessitam para ter autoestima: estar fisicamente confortável; ter continuidade no relacionamento; aprender a influenciar e prever as reações dos outros; aprender a como estruturar o mundo; desenvolver autoestima em duas áreas: como uma pessoa com domínio e como uma pessoa sexuada.
- Triângulo Familiar Funcional: os companheiros sentem-se confiantes a respeito de seu próprio relacionamento conjugal e são assim, capazes de controlar, de modo seguro receio que o filho tem de ser relegado a segundo plano.
- Prática da Terapia: a doença aparece por métodos inadequados de comunicação. A terapia é o exercício de melhorar esses métodos. O terapeuta é a pessoa que pode ajudar, pode ser um modelo de comunicação, exemplificando e ensinando.

---

[62] SATIR, V. *Terapia do grupo familiar*. Rio de Janeiro: Francisco Alves, 1977.

- Comunicação funcional: uma pessoa que se comunica de maneira funcional pode: expor com firmeza seus pontos de vista; simultaneamente, clarificar e qualificar o que afirma; solicitar realimentação; ser receptivo à realimentação quando a recebe.
- Comunicação disfuncional: emitem mensagens incompletas; deixa o receptor em dúvidas e conjeturas quanto ao que ele tem dentro de sua cabeça.

D. Carl Whitaker

Desenvolve seu trabalho com base na convicção de que os pré-conceitos, o modo de viver e os valores dos terapeutas são elementos chaves na escolha dos objetivos e da estratégia terapêutica. "Minha filosofia pessoal é produto da minha estrutura de caráter" [63] [64] [65].

Whitaker influenciou profundamente todos os terapeutas que o conheceram, pois sua forma de trabalho é menos uma técnica e muito mais uma riqueza do seu modo de ser/viver.

Acreditava que através da terapia familiar o potencial individual de cada participante poderia ser descoberto.

Para ele, "[...] o terapeuta está, inexoravelmente, ligado ao paciente em uma dança integrativa, uma dança de crescimento mútuo"[66].

Segundo Salvador Minuchin. "[...] a terapia de Whitaker é, do ponto de vista das suas intervenções, imprevisível. Usa humor, rodeios, sedução, indignação, processos primários, tédio e até seu sono, como medos poderosos de contato e até de desafio. Raramente, desafia o conteúdo de uma comunicação, mas tampouco a aceita integralmente". "Embora aparentemente casuais, todas as suas afirmações visam desafiar o sentido que as pessoas dão aos fatos"[67].

---

[63] WHITAKER, C. A.; NAPIER, A. *El crisol de la família*. Buenos Aires: Amorrortu editores, 1997.

[64] WHITAKER, C. *Dançando com a família*. Porto Alegre: Artes Médicas, 1990.

[65] WHITAKER, C. *Meditaciones nocturnas de um terapeuta familiar*. Madrid: Paidos Iberica Ediciones, 1992.

[66] NNEIL, J. R.; KNISKERN, D. P. *Da psique ao sistema*. A evolução da terapia de Carl Whitaker. Porto Alegre: Artes Médicas, 1990.

[67] *Ibid*.

E. Salvador Minuchin

O objeto da Terapia Estrutural é o sistema familiar; usando a Teoria Geral dos Sistemas como referencial teórico propõe uma terapia de ação com o foco de modificação do presente[68].

Alguns pontos básicos da terapia de Minuchin:

- Estrutura familiar é o conjunto invisível de exigências funcionais que organiza as maneiras pelas quais os membros da família interagem. Engloba suas regras e estratégias.
- A família opera através de padrões transacionais que são mantidos por dois sistemas de repressões: um genérico que depende da hierarquia e outro idiossincrásico que depende das expectativas mútuas dos membros da família entre si.
- O sistema familiar diferencia e leva a cabo suas funções através de *subsistemas*. As fronteiras – ou limites de um subsistema – tem a tarefa de proteger a diferenciação do sistema. As regras do sistema definem quem participa e como participa.
- A nitidez das fronteiras são um parâmetro para avaliação do funcionamento familiar. Num sistema funcional, as fronteiras do subsistema devem ser nítidas (para que os membros do subsistema levem a cabo suas funções sem interferências) mas admitir contato. Se as fronteiras forem difusas haverá um emaranhamento no relacionamento familiar; se elas forem fronteiras rígidas haverá um desligamento entre as pessoas.
- O *subsistema conjugal* precisa desenvolver as habilidades de complementaridade e acomodação. A função deste subsistema engloba: serem o refúgio para os estresses externos; serem a matriz para contatos com outros sistemas sociais; favorecer aprendizagem, criatividade e crescimento. A tarefa do terapeuta é a de enfatizar a mutualidade, e proteger as fronteiras do subsistema conjugal.
- O *subsistema parental* tem como habilidades necessárias: se diferenciar do subsistema conjugal para desempenhar as tarefas de socialização de uma criança, sem perder o apoio mútuo;

---

[68] MINUCHIN, S. *Famílias*: funcionamento e tratamento. Porto Alegre: Artes Médicas, 1990.

permitir o acesso da criança a ambos os pais, excluindo-a das funções conjugais; adaptar-se aos novos fatores. As funções a desempenhar são: nutrição; controle; orientação; dando autonomia apropriada à idade com uso da autoridade. O terapeuta deve ajudar os subsistemas a negociarem e a se acomodarem entre si.

- O *subsistema fraternal* precisa como habilidades: proteger as crianças da interferência adulta para poderem exercitar o seu direito à privacidade, terem suas próprias áreas de interesse e serem livres para tatear a medida que exploram. A função deste subsistema é ser o primeiro laboratório social da criança. O terapeuta tem como tarefa apoiar o direito da criança à autonomia sem minimizar os direitos dos pais; ajudar o sistema a negociar fronteiras nítidas, mas viáveis de serem cruzadas.
- *Outros subsistemas familiares* terão habilidades e funções específicas próprias de cada família.

Na abordagem estrutural, a partir do mapa da família, o terapeuta vai formular hipóteses e determinar objetivos terapêuticos. O terapeuta é membro agente e reagente do sistema terapêutico. As mudanças ocorrem através do processo de associação do terapeuta à família possibilitando a reestruturação da família de forma planejada para transformar padrões transacionais disfuncionais; localizando áreas de possível flexibilidade e mudança.

O terapeuta auxiliará a família em terapia ajudando ao paciente identificado e à família, facilitando a transformação do sistema familiar. Esse processo inclui 3 passos:

- o terapeuta se associa à família numa posição de liderança;
- avalia trazendo à luz a estrutura familiar;
- cria circunstâncias que permitem a transformação da estrutura.

Aspectos a serem avaliados na família:

- Estrutura: padrões transacionais preferidos e alternativos disponíveis.
- Flexibilidade do Sistema e sua capacidade para elaboração e reestruturação.

- Ressonância do Sistema familiar, sua sensibilidade às ações dos membros individuais.
- Contexto de vida familiar, no qual estão as fontes de apoio e estresse.
- Estádio de desenvolvimento da família e a sua execução das tarefas adequadas a esses estágios.
- Maneiras pelas quais os sintomas do PI são utilizados para manutenção dos padrões transacionais preferidos da família.

A reestruturação da família segue as seguintes estratégias:

- Efetivação dos padrões transacionais da família – representação dos padrões transacionais; recriação canais de comunicação; manipulação do espaço.
- Delimitação das fronteiras – delineamento das fronteiras individuais; fronteiras dos subsistemas.
- Intensificação do estresse – bloqueios de pautas transacionais; acentuação das diferenças; desenvolvimento de conflitos implícitos; união em aliança ou coalisão.
- Distribuição de tarefas – dentro da sessão; trabalho para casa.
- Utilização dos sintomas – concentração no sintoma; exageração do sintoma; desacentuação do sintoma; transferência para um novo sintoma; reclassificação do sintoma (redefinição); modificação do afeto do sintoma.
- Manipulação do humor – adotar o afeto da família; demostrar um afeto diferente, mais apropriado; introduzir intensidade; usar o afeto para manipular a distância; reclassificação de um afeto predominante (redefinição).
- Apoio, educação e orientação.

3. Teoria das Colusões de Casal, Jürg Willi

A. Ideia de colusões

A ideia de colusões de casal de Jurg Willi se baseia em alguns conceitos psicanalíticos e possibilita uma abordagem sistêmica nos processos terapêuticos de casal.

A psicanálise define a importância, para um casal, de relações objetais maduras e recíprocas, entendida como a capacidade de manter ligações de união e cuidado apesar das vicissitudes criadas pelas trocas afetivas, desilusões e frustrações. Relações objetais maduras estabilizam o funcionamento emotivo de um indivíduo também em situações de dificuldade. Para um indivíduo dependente, com falta de integração e diferenciação ao nível do ser, as relações com os outros, representam uma compensação aos defeitos narcisistas, apoiando-se sobre importantes objetos internos e mantendo assim um equilíbrio narcisístico muito frágil. A patologia individual é uma das causas principais de repetir-se os erros também nas novas relações.

Os conflitos que envolvem a organização, a estrutura e as regras do casal têm a ver frequentemente com importantes aspectos psicodinâmicos[69].

B. Casais colusivos

A totalidade diádica determina o comportamento individual no sistema casal. Em cada relação, o comportamento individual se modela, é neutralizado ou amplificado em função das personalidades de ambos os parceiros. No interior da dinâmica diádica ambos os parceiros manifestam um comportamento, devido aos ajustamentos e a divisão das funções que são interdependentes. A complementaridade é o modelo relacional mais estável e mais comum. Em geral o relacionamento é construído de tal maneira que os membros do casal têm necessidade um do outro: o parceiro A pode ser débil e impotente até onde lhe é permitida pela capacidade de cuidado de B; B, por sua parte, pode prestar o seu cuidado até onde a fraqueza, a debilidade e a necessidade de A o permite. A atividade/passividade, autonomia/dependência, dominação/submissão, etc., vem expressa na díade em papéis complementares.

Comumente, o hiperfuncionamento de um parceiro provoca a inatividade do outro; o comportamento pseudomaduro, forçadamente adulto de um pode desencadear o regressivo, infantil e irresponsável do outro, e vice-versa. As pessoas tendem a escolher parceiros que alcançaram o mesmo nível de maturidade, mas que adotaram modelos opostos

---

[69] WILLI; J. *La pareja humana*: relación y conflicto. Buenos Aires: Ediciones Morata, 1992..

de organizações defensivas. Os termos "regressivo" e "progressivo" se referem aos aspectos de desenvolvimento e de processo da relação.

Considerando a totalidade diádica, um bom nível de complementaridade diminui o medo de perder o parceiro e reforça a interdependência e a coesão do par.

Os modelos de comportamentos diádicos podem ser facilmente explicados, retrospectivamente, em termos de experiência relacional infantil.

O casamento fornece um ambiente dentro do qual se pode exprimir tanto as necessidades progressivas como as regressivas. Uma relação de casal estável implica o adiamento no tempo de necessidades pessoais, requer responsabilidade recíproca, empenho nos confrontos de objetivos comuns mas possibilita também a satisfação das necessidades regressivas.

Os casais que vêm à terapia frequentemente exprimem comportamentos extremamente polarizados; não obstante, isso não tem uma diferença clara entre complementaridade neurótica e normal. Essa polarização pode ser causada por fatores situacionais e ser por isso funcional. Quanto mais a polarização é do tipo defensivo e é motivada pelo medo recíproco frequentemente inconsciente, mais a relação pode ser considerada disfuncional e neurótica.

O mesmo tipo de trauma infantil pode desencadear um comportamento regressivo ou progressivo em função de qual dos medos predomina e do estilo do indivíduo em questão.

C. Progressivo e regressivo

O parceiro progressivo reforça o comportamento regressivo do outro. Esta estratégia promove no primeiro, sentimentos de superioridade, domínio de si e autoestima permitindo ao mesmo tempo a negação de fantasias regressivas que são delegadas ao outro.

O parceiro regressivo, por seu lado, procura a satisfação das próprias necessidades de segurança, dependência e cuidado reprimindo as instâncias progressivas da própria personalidade. Assim, no interior desse acomodamento reciprocamente defensivo, qualquer membro do par delega ao outro, aquelas emoções e aqueles comportamentos dos quais tem mais medo.

O parceiro regressivo teme romper a relação e comportar-se de maneira mais autônoma e independente, deste modo não fazendo outra coisa senão encorajar o outro a perseverar no comportamento ativo de cuidado e proteção. De modo similar o parceiro progressivo evita cuidadosamente comportar-se de maneira regressiva reforçando desta forma o comportamento regressivo do primeiro. Reciprocamente, por essa razão, e frequentemente de maneira implícita, qualquer membro do casal define o papel do outro no interior da moldura constituída pela construção defensiva da díade.

Os exageros da polarização progressivo-regressivo levam a um comportamento disfuncional e defensivo. Cada tentativa de derrubar esse mecanismo produz ansiedade e encontra notável resistência. Tensões excessivas podem levar a formação de sintomas, coalizões e também a separações na tentativa de recalibrar o sistema.

D. Sobre a colusão

Uma colusão é um jogo inconsciente, não confessado, e recíproco dos dois, baseado nos seus conflitos similares não resolvidos e acionados através dos seus papéis polarizados.

Esse conflito fundamental não superado atua em distintos papéis e é o que permite ter a impressão de que um dos pares do casal é diferente do outro, trata-se meramente de variantes polarizadas dele mesmo.

Em um casal com uma estrutura oral, o amor é definido em termos de fornecer cuidados e atenção. Uma díade sádico-anal é caracterizada por temas que giram em torno do binômio autonomia – dependência. Num nível fálico o amor tem o significado de obter e fornecer prestígio social enquanto a relação narcísica é caracterizada pela tensão versus a harmonia e simbiose. Esses temas constituem, de forma inconsciente, a base sobre a qual se estrutura a relação de casal; sendo que um deles age de forma regressiva e o outro de forma progressiva.

O emergir dos medos e das necessidades reprimidas leva à escalada dos conflitos; a estabilidade da estrutura defensiva do casal é continuamente ameaçada pelo ressurgimento das necessidades e medos reprimidos.

Nas **relações funcionais**, os papéis do casal são constantemente redefinidos, qualquer membro compensando pelo outro, de modo que os vários problemas encontrados são resolvidos mudando a posição dos cônjuges em relação ao binômio progressivo-regressivo. Essa flexibilidade permite ao casal adaptar-se e crescer.

E. Quatro esquemas do jogo conjunto inconsciente dos casais

De acordo com a fase de desenvolvimento mais prejudicada, as colusões são: colusão narcisista, oral, anal sádica e fálico edipal, e cada uma delas apresenta seu jogo e forma de intervenção terapêutica.

Na *colusão narcísica*, um renuncia em favor do outro seu ponto de vista, sua opinião e suas aspirações. A relação só existe como fusão total, não têm exigências próprias. O narcisista brilha às custas do outro e é extremamente dependente.

Os companheiros narcísicos na relação apresentam semelhanças entre eles, buscam um companheiro a quem idealizam e projetam o seu ideal.

O narcisista escolhe um companheiro que não tenha aspirações próprias e que adore idealizações, identifica-se com a imagem ideal que um projeta no outro.

A *colusão oral* gira em torno do amor como preocupação, cuidar e alimentar um ao outro. A disposição de ajuda de um deles é inesgotável e sem pretender nada em troca e o ajudado deve ser exonerado de toda exigência a ajudar a ele mesmo. A gênese é na fase de desenvolvimento de relação primordial mãe-filho.

Na *colusão anal sádica*, o conflito básico é a competição pelo poder, dominado versus ser dominado, o conflito básico está na fase de desenvolvimento entre o segundo e quarto ano de vida. Nessa colusão, o regressivo aceita a posição de dependência e docilidade, pois lhe asseguram contra os temores de separação e solidão e desta maneira mantém o poder. Na crise, o progressivo tende a exagerar a sua atitude de autoridade e dominação para tranquilizar-se dos seus próprios temores de dependência de ser dominado ou abandonado. O regressivo sente um impulso de desenvolver a sua própria independência para se manter em pé de igualdade na relação e diminuir o seu temor de ser explorado e abandonado. O progressivo quer desenvolver a relação tendo a independência e domínio, ter alguém para provar que não precisa dele (a).

Na *colusão fálica edipal*, a competição é pela competência. A mulher deseja um marido masculino, protetor, mas ao mesmo tempo ela é castradora. O homem deseja salvar esta mulher, mas tem medo de fracassar e acaba fracassando. Nessa colusão há sempre alguém da geração anterior envolvido concretamente ou fantasma, dando ordem. O marido não se sente tão masculino mas exige que a mulher o mantenha. A mulher desqualifica as tendências não tão masculinas do marido e se torna, então ela masculina.

F. Aspectos da terapia do casal

No reequilíbrio na polarização regressivo progressivo um dos objetivos importante é a abertura da colusão e o balanceamento do comportamento polarizado. Todo parceiro deve estar em condições de tomar posições, regressiva/progressiva sobre diversos temas e agir, consequentemente, de maneira adequada e flexível. A redefinição é um instrumento muito útil por criar um clima terapêutico positivo; o terapeuta pode, por exemplo, redefinir o excessivo (progressivo) controle como preocupação e o recolhimento depressivo (regressivo) como sensibilidade nos confrontos dos problemas relacionais que o casal apresenta. A criação de uma atmosfera terapêutica positiva e construtiva permite, pois, a prescrição de tarefas de casa que tem sempre como objetivo diminuir a polarização.

Explorar os objetivos e os temas emotivos da díade, clarear modalidades colusivas, trabalhar sobre como foram desenvolvidos os sentimentos de esperança, desejo, frustração, ansiedade, vergonha e culpa na história da relação são todos instrumentos importantes no processo terapêuticos.

A presença de ideais compartilhados e de estrutura de casal clara e definida permite um bloqueio do estresse.

Compreensão Relacional Sistêmica:

	Compulsão básica	Objetivo do trabalho terapêutico	Tipo de atendimento	Foco da terapia
Colusão Narcísica	Existir	Poder existir Individuação	Sessões individuais semanais e sessões quinzenais de casal	Trabalho interno Trabalho externo e relacional
Colusão Oral	Receber	Os 2 poderem ser sua própria mãe	Sessões de casal de 15/15 dias	Limpar dificuldades reais com a mãe, ser sua própria mãe e recontratar a relação

	Compulsão básica	Objetivo do trabalho terapêutico	Tipo de atendimento	Foco da terapia
Colusão Anal Sádica	Competir pelo poder	Cooperar	Sessões de casal Sessões individuais	Os 2 se colocarem Trabalhar as dificuldades de cooperar
Colusão Fálico Edipal	Status de ser o "masculino" da relação	Integrar o masculino e o feminino de cada um.	Casal, individual (família de origem – quando estiverem envolvidos)	Dividirem o status e as tarefas pela competência real

4. Comunicação: Axiomas

O estudo da comunicação tem tido importância muito grande para toda a terapia sistêmica, auxiliando a enxergar os padrões e os jogos relacionais que aparecem nas sessões.

Na Terapia Relacional Sistêmica, cujo foco de trabalho é o padrão de funcionamento compreende-se que este padrão se exemplifica no padrão comunicacional. Estudando e enxergando um se enxerga o outro.

Nessa compreensão da comunicação como comportamento é de grande utilidade compreender os mecanismos básicos da comunicação – emissor, receptor, mensagem, ruídos na comunicação, comunicação para verbal, campo da experiência –, assim como incluir no processo o trabalho com analogias, metáforas e paradoxos comunicacionais.

Além desses conceitos, a Terapia Relacional Sistêmica foca nos axiomas da comunicação, para o trabalho com os padrões de funcionamentos relacionais.

De acordo com Watzlawick, Beavin e Jackson[70], os 5 axiomas são:

1) É impossível não comunicar – pois é impossível não se comportar; tudo possui um valor de mensagem; intencional ou não; consciente ou não; bem-sucedido ou não.

Na tentativa de não comunicar, os parceiros da comunicação podem:

---

[70] WATZLAWICK, P.; BEAVIN, J. H.; JACKSON, D.D. *Pragmática da comunicação humana*. São Paulo: Editora Cultrix, 1981.

- Rejeitar a comunicação (explicitar o não desejo de conversar cria tensão e não evita a relação);
- Aceitar a comunicação sem agir (gera sentimentos desagradáveis e é cada vez mais difíceis parar);
- Desqualificar a comunicação (Comunicar invalidando sua própria comunicação ou a do outro, fazer declarações contraditórias, incoerências, mudanças bruscas de assunto, frases incompletas, interpretações errôneas, estilo obscuro ou maneirismo de fala, interpretações literais das metáforas ou interpretações metafóricas de comentários literais);
- Pode fazer um sintoma (comunicação "maluca", quando não pode abandonar o campo, não pode não comunicar, mas receia ou tem relutância em comunicar, mensagem não verbal. "Não sou eu é algo fora do meu controle").

2) Toda comunicação define a relação, pois transmite uma informação (conteúdo, relato, os dados da comunicação) e impõe um comportamento (nível da relação, uma ordem de como aquele conteúdo deve ser entendido).

Podemos ter:

- Um desacordo no nível do conteúdo e um desacordo no nível da relação. Para lidar com isso, primeiro se admite o desacordo do conteúdo e depois trabalha-se a relação, falar sobre eles próprios e sua relação);
- Ou pode ser acordo no nível do conteúdo e desacordo no nível da relação. Então, terão que resolver como está a relação deles, e lidar com a forma como confirmam, rejeitam ou desconfirmam um ao outro.
- Ou desacordo no conteúdo e acordo na ordem para a relação. E podem, então, discutir a posição de cada um sobre o conteúdo, pois na relação estão de acordo e se qualificam mutuamente.

3) A pontuação organiza a sequência dos comportamentos – pois a natureza de uma relação depende da pontuação das sequências comunicacionais entre os comunicantes.

A discordância sobre como pontuar a sequência dos eventos está na raiz de incontáveis lutas em torno das relações, essas discrepâncias não resolvidas nas pontuações das sequências comunicacionais podem levar a impasses interacionais.

As discrepâncias ocorrem sempre:

- Que pelo menos um dos comunicantes não possui a mesma soma de informações do outro, mas não o sabe;
- Ou os dois supõem que o outro tem o mesmo montante de informações, mas que o outro também deve extrair as mesmas conclusões dessa informação.
- Conflitos de pontuação ocorrem devido a convicção de que só existe uma realidade, o mundo como eu o vejo, e qualquer ideia diferente da minha deve ser devido à irracionalidade ou má vontade do outro; ou também por uma compreensão linear de causa e efeito.
- Cria-se um círculo vicioso que não pode ser interrompido, a menos que os comunicantes estejam aptos a metacomunicar.

4) Os seres humanos se comunicam digital e analogicamente:

- Modo digital é a comunicação por símbolos, palavras, sinais arbitrários que dependem de uma convenção semântica; algo que simboliza algo, adequada à comunicação dos conteúdos, à metacomunicação; e
- Modo analógico, que é a comunicação não verbal (postura, gesto, cadência, expressos faciais, sequência, ritmo) sem um contexto, por semelhança autoexplicativa, buscando a relação entre os fatos.
- É necessário fazer a tradução das mensagens analógicas para digitais, inserir elementos que a analógica não tem. E assim elas se complementam.
- Os conteúdos podem ser expressos digitalmente; o relacional é predominantemente analógico.
- Os erros na tradução entre o material analógico e digital cria equívocos relacionais. Na mensagem analógica faltam muitos dos elementos que abrangem a morfologia e a sintaxe da linguagem digital. Ao traduzir mensagens analógicas para digital o tradutor deve fornecer e inserir esses elementos.

5) **Todas as permutas comunicacionais ou são simétricas** (propõe a igualdade dos interlocutores; os parceiros tendem a refletir o comportamento do outro, buscando igualdade e mínimo de diferenças) **ou são complementares** (baseadas nas diferenças, o comportamento de um parceiro complementa o do outro, trazendo o máximo de diferenças).

- Numa relação funcional existe uma alternância entre simetria e complementariedade.
- Na simetria saudável os parceiros são capazes de se aceitarem mutuamente tais quais são, o que leva ao respeito recíproco e a confiança no respeito do outro, e equivale à confirmação realista e mútua de seus respectivos eus.
- Na simetria disfuncional eles entram na competitividade levando a uma escalada simétrica.
- A complementaridade saudável é flexível e circular. Permite a confirmação recíproca do outro de forma salutar e positiva.
- A complementaridade patológica é rígida, linear e equivalente a desconfirmação do outro.
- A mudança terapêutica pode ser provocada muito diretamente pela introdução de simetria na complementaridade ou vice-versa, durante a terapia.

5. Pensamento relacional sistêmico

Alguns aspectos da Terapia Relacional Sistêmica são importantes para manter a coerência entre teoria, prática e postura.

A. Escolhas

- O indivíduo escolhe tudo o que lhe acontece, tudo é da sua escolha. Nada acontece que não seja escolha e responsabilidade dos indivíduos envolvidos na situação[71].
- O nível de consciência da escolha é variável. O inconsciente abrange, simplesmente, todas as coisas das quais não se toma consciência.

---

[71] SCHUTZ, W. *Profunda simplicidade*. Lisboa: Ágora, 1989. p. 33.

- Compreender essas premissas e aceita-las fará muita diferença na vida de uma pessoa. Isso pode ser vivido como um peso, uma preocupação com o que está fazendo e com as escolhas inerentes, ou poderá ser vivido como uma situação em si: saber que está escolhendo tudo na sua vida, sem culpa e sem fantasias de controle total dessas escolhas, pode encaminhar para uma forma leve de viver, responsável, mas não culpado, num movimento de ir enxergando, sem a busca linear de enxergar, mas com a decisão de ficar atento, para poder enxergar um pouquinho mais cada dia.
- Quanto mais a pessoa se permite ser consciente, mais ela se comporta como um organismo unificado, realiza ações completas e faz escolhas. O trabalho de aprimoramento é ir enxergando os fatos, descobrindo de que forma se posicionou para que aquilo acontecesse, e se responsabilizando por essas escolhas.
- O nível de consciência que temos do andamento das nossas escolhas é maior ou menor; aumentá-lo é um dos objetivos do processo terapêutico.
- Quando a pessoa aceita a responsabilidade pelas escolhas que faz na sua vida, tudo fica diferente. Sai o peso da culpa, desaparece a sensação de ser vítima. Adquire poder. Decide. Fica no seu próprio controle.

B. Desenvolvimento da consciência

- A tarefa é tomar consciência do próprio funcionamento e de suas dificuldades (ou problemas), para poder desenvolver um programa de mudanças e, assim, ter como treinar novos comportamentos, atitudes, sentimentos.
- O processo de tomada de consciência das escolhas e do próprio funcionamento não é fácil, nem rápido, nem indolor. Mas é o primeiro passo num processo de cura ou de desenvolvimento, seja individual seja nos relacionamentos.
- Quando uma pessoa enxerga como funciona, como desencadeia os fatos da sua vida a sensação mais comum é de prazer, pois ao colocar as peças do seu próprio quebra cabeças surge um sentimento de compreensão e de inteireza.

- Ter consciência do seu funcionamento não é um lugar que se chegará – isso levaria a uma ansiedade e uma busca linear e angustiante – mas sim um movimento, uma decisão, um pedacinho a cada dia e a cada situação.

C. Das vítimas e bandidos para jogo complementar

- Pensar sistemicamente traz à tona a questão de que não existem vítimas ou bandidos.
- Acreditar que eles existem é uma forma simplista de ver e lidar com as situações relacionais. Quando nos posicionamos como juízes, vítimas ou bandidos, a realidade fica delimitada, os papéis e as hipóteses ficam cristalizados e muito pouco há para se fazer além de condenar, punir, culpar.
- No entanto, ao enxergar que os lances de relacionamento são circulares, são co-desencadeadores; que o comportamento de um desencadeia e mantém o comportamento do outro e vice-versa, tudo fica muito mais complexo. Dependendo do ponto em que se coloca a atenção, os desencadeantes das sequências comportamentais podem mudar totalmente. E desta forma, todos são parceiros na situação, completamente responsáveis pelo que acontece. Responsáveis e potentes: podemos desencadear, mudar o andamento, encerrar.

D. Do " Por quê" para o " Para quê" e o " Como"

- Na compreensão linear, cartesiana, o foco ou a preocupação principal na avaliação das situações é descobrir o **porquê** das reações e dos fatos. Isso se dá pela crença de que existe uma simplicidade na compreensão dos fatos, de que se definirmos qual é a causa, tem-se controle sobre as respostas, os efeitos.
- Sistemicamente pensando, sabe-se que não existe uma causa que desencadeia um fato, mas sim uma poli causalidade. Se ampliarmos o olhar, veremos que existem sempre uma infinidade de causas que desencadeiam situações, que desencadeiam outras, que desencadeiam outras.

- A avaliação é muito mais complexa; exige disponibilidade em olhar todos os ângulos e situações sem pré-conceitos.
- A preocupação sistêmica é de enxergar **o quê** e o **como** algo **está acontecendo**. Então, o foco não é no passado, buscando algo ou alguém culpado pelo que aconteceu, ou encontrando uma desculpa, um álibi ou uma justificativa; mas no **presente**, avaliando **quem** está envolvido na situação, **de que modo**, quais são os **padrões** relacionais que **estão** ocorrendo.

E. Da compreensão para a mudança

- No pensamento linear, o desejo é de encontrar explicações e compreensões. Na proposta sistêmica o foco é enxergar o que está acontecendo, onde, com quem, como. E, ir buscando novas alternativas de funcionamento para chegar à mudança.
- Desta forma, mais importantes do que os conteúdos e as historinhas relacionais serão os **padrões de interação e funcionamento** das pessoas envolvidas, e a avaliação sempre conectada com o **momento** e o **contexto**.
- Tendo a mudança como foco, o trabalho será sempre no sentido de desenvolver consciência e responsabilidade pelos atos, reações e processos. Com o foco nas mudanças.

F. Sem certo e errado pré-definido

- Ao enxergar sistemicamente a vida, uma das primeiras coisas das quais se abre mão é da segurança em acreditar que existe uma separação e uma clareza entre o certo e o errado.
- O certo só é certo, a verdade só é a verdade, se fixarmos um olhar e não mudarmos de ângulo, de contexto, de configuração. Acreditar que sabe o que é certo, simplifica a vida, enrijece e empobrece as relações.
- O certo muda e perde a importância dependendo do ângulo que se olhar a situação.
- Flexibilizar esse conceito permite lidar de forma mais criativa e rica com a vida e as relações.

G. Circularidade

- A noção de causa e efeito conduz a um pensamento linear e vertical, define carrascos e vítimas e conduz à perda da mobilidade e flexibilidade nas relações.
- Ao olhar os relacionamentos, as famílias, os casais, como um **sistema**, um círculo, cada um tem a sua participação e responsabilidade, todos se influenciam reciprocamente. Descobre-se que existe uma teia interligada e não uma linha reta com um só sentido.
- Pensar e viver a vida de forma circular torna tudo mais complexo, mais rico e mais flexível. Dessa forma, as famílias e os indivíduos passam a **ter maior movimentação e possibilidade de reorganização**.

H. Padrão de Funcionamento [72]

- Padrão de funcionamento é a forma repetitiva que um sistema estabelece para agir e reagir às situações de vida e relacionais. Na maioria das vezes, ele é inconsciente e automático.
- Engloba o que é dito e o que não é dito, a forma como são ditas e feitas as coisas, bem como todas as nuanças dos comportamentos. Também fazem parte do padrão de funcionamento as compulsões relacionais básicas, as defesas automáticas, os álibis prediletos.
- O padrão de funcionamento aparece em todos os aspectos da pessoa ou do sistema. Pode ser visto no corpo, no pensamento, no sentimento, na ação e, especialmente, nas relações.
- Esse padrão estrutura-se na entrada da criança no sistema familiar, a partir da forma como a família atua o seu padrão básico. Nas relações familiares, vai se definindo o padrão do indivíduo desde que ele nasce. Ele está sob influência dos pensamentos, emoções e comportamentos dos seus pais e familiares, independente de eles terem consciência ou não do que pensam, sentem ou fazem. Essa influência passa através do que é dito,

---

[72] ROSSET, S. M. *Terapia Relacional Sistêmica*: indivíduo, família, casal e grupo. 2014.

mas muito mais, através do que não é dito, do que é evitado, do que é escondido; da forma como as pessoas se relacionam.
- A função básica do padrão de funcionamento é proteger-se, defender-se e sobreviver, mas aos poucos vai se cristalizando.
- Tendo um olhar trigeracional, pode-se ver o padrão de funcionamento das famílias de origem dos pais, o padrão de cada um dos cônjuges/pais, a estruturação do padrão familiar, a influência/determinação no padrão dos filhos, e assim sucessivamente.
- Um padrão de funcionamento não é bom ou ruim, melhor ou pior. O que faz diferença é o quanto o sistema tem consciência do próprio padrão de funcionamento, pois é a partir disso que pode ter controle e fazer escolhas.
- O trabalho com o padrão de funcionamento (e dependendo do padrão de funcionamento do cliente e do padrão de funcionamento do terapeuta) pode ser realizado usando explicações teóricas sobre padrão de funcionamento e as formas de enxerga-lo; ou mapeando o que ocorre; ou apontando aspectos do padrão; ou para os terapeutas mais hábeis, atuando diretamente no padrão.

I. Álibis Relacionais

- Em todos os relacionamentos, as pessoas envolvidas têm alguns "álibis relacionais" que são explicações psicológicas que protegem e dão desculpas para as pessoas evitarem situações e não ousarem fazer diferente. Fazem parte do Padrão de Funcionamento.
- Os álibis relacionais neutralizam as pessoas na relação, contendo ou impedindo a mudança. Eles cristalizam as relações, pois quem os usa sente-se autorizado a manter o comportamento, já que tem "razões psicologicamente corretas" que o protegem, e quem está recebendo essa desculpa sente-se amarrado e coagido a aceitar o comportamento mesmo que, de fato, não o aceite e enxergue que atrapalha o crescimento e desenvolvimento da pessoa e do relacionamento.
- Cada pessoa, cada família ou casal tem seus álibis relacionais específicos, e é uma das tarefas da terapia descobri-los e trabalhar com os efeitos paralisantes que eles causam.

- Cada cultura também tem seus álibis específicos. Alguns desses álibis, se usados e respeitados na relação terapêutica, são responsáveis por terapias que não viram processo terapêutico, que não possibilitam desenvolvimento de consciência e mudanças. Citando alguns deles: "não posso", "não consigo", "vou tentar", "tenho medo".

J. Compulsões Relacionais

- As compulsões de funcionamento ou compulsões relacionais são as respostas e comportamentos automáticos que uma pessoa dá ao ser foco de uma ação relacional de alguém. De forma geral, estão ligadas a situações traumáticas vividas ou a situações com as quais não aprendeu a lidar. Fazem parte do Padrão de Funcionamento, e, muitas vezes, sem consciência.
- Entre as muitas tarefas de tornar-se adulto, o controle das compulsões de funcionamento é talvez a mais difícil.
- A maior parte das dificuldades e problemas relacionais são desencadeados ou mantidos pelas compulsões relacionais de ambos os lados. O mal-estar vai crescendo, um desencadeando o automatismo do outro, e sem espaço para tomarem consciência e poderem atuar ou não esse comportamento automático.
- A partir do momento em que o indivíduo percebe esse automatismo de reação, independentemente do motivo pelo qual funciona assim, ele pode começar o processo de ficar consciente e dono das suas reações. Esse processo de contenção é longo e pressupõe o envolvimento da pessoa; implica em ficar atento, perceber e conter seus impulsos relacionais, assim como ter paciência e autocompaixão pelas dificuldades e recaídas.

K. Responsabilidade

- O processo de ser responsável significa ter consciência do seu desejo, ter opções de escolha, fazer sua escolha e aceitar as consequências e os resultados dela.
- Tomar contato com seu funcionamento é tomar consciência de como reage; é passar a ser responsável pelos comportamentos que

escolhe ter, pelas reações que tem aos comportamentos dos outros e, inclusive, pelas reações que os outros têm aos seus comportamentos.
- A responsabilidade mais difícil é olhar para dentro de si mesmo, descobrir os sentimentos, os medos, as defesas, os álibis. Com humildade, mas sem julgamentos críticos ou culposos, pode-se chegar a um nível de autoconsciência que abre novos caminhos para crescimento e desenvolvimento. Isto é responsabilidade.

L. Recaídas

- Compreender que em todo processo existem recaídas, dá mais tranquilidade e coragem para lidar com os desafios inerentes a tarefa de aprendizagem, mudança e controle dos álibis e dos comportamentos compulsivos. (Ver item III. L)

M. Sintomas[73]

- No trabalho relacional sistêmico, os sintomas são compreendidos como uma forma de mapear os pontos que precisam ser reorganizados. Portanto, os sintomas são usados como rastreadores do processo e vão mostrar o funcionamento da pessoa. Assim, qualquer sintoma é compreendido não no seu conteúdo, mas no significado sistêmico que tem, e pode dar uma pista a respeito de aspectos, emoções ou funções com os quais estamos mexendo.
- Ao mesmo tempo, é importante avaliar se são sintomas relacionados ao padrão disfuncional (sintomas de defesa), se são sinais de recaída ou, ainda, se são a simbolização de dores e dificuldades em lidar com os conteúdos, com a história e com as mudanças (sintomas de processo).

6. Ciclos vitais

A família passa por ciclos e, de diferentes maneiras, busca manter um equilíbrio. Duas ideias são importantes com relação aos ciclos vitais.

---

[73] ROSSET, S. M. *Izabel Augusta*: a família como caminho. Belo Horizonte: Ed. Artesã, 2016. p. 79.

Uma delas é a de que cada ciclo traz uma aprendizagem específica, algo que precisa ser conquistado ou algo que precisa ser deixado de lado. Essa compreensão leva à percepção do início e do final das fases de desenvolvimento realmente como etapas de aprendizagens, como níveis a serem alcançados.

A outra ideia é de que as famílias estão em constante transformação, pelas suas características e porque sempre existem pessoas em fases diferentes; portanto, a família é o espaço especial para as aprendizagens necessárias em cada etapa.[74]

Essa forma de olhar ajuda a, partindo do que é comum, adaptar a cada família e indivíduo de acordo com suas vivências e situações peculiares, ajudando-os na realização das aprendizagens e acomodações necessárias, de modo mais funcional.

Temos os ciclos vitais previsíveis e os especiais. Os previsíveis são os que todas as famílias podem passar; os especiais são aqueles que ocorrem ou não numa família, trazendo crises, reformas e reformulações.

Os ciclos vitais **previsíveis** começam com o nascimento e terminam com a morte.

Nascer

O principal acontecimento é o corte energético que ocorre entre o sistema mãe e o sistema filho. A tarefa, nesse momento, é manter, o mais possível, a condição energética, facilitando o contato da mãe com o bebê. Assim, eles podem retomar a ligação afetiva energética.

Andar

A metáfora do andar é ficar firme sobre suas próprias pernas, "ficar nas suas pernas" significa ser independente, poder ir e vir. Ao se preparar para andar, a criança passará por fases (arrastar-se, engatinhar, sentar, firmar-se) que são importantes, metafórica e fisicamente falando, para poder andar plenamente. A grande aprendizagem é respeitar o processo

---

[74] ROSSET, S. M. *Pais e filhos*: uma relação delicada. Belo Hprizonte: Ed Artesã, 2003. p. 47-64.

e o tempo da criança; sem apressar, pular fases, retardar o andar trarão marcas diferentes no andar definitivo.

Ao mesmo tempo em que andar traz independência e ganhos, traz também a outra face, que nos levará a lidar com a solidão, com as escolhas, com os riscos que o andar e a independência trazem.

Falar

É fazer parte. Por meio da comunicação, especialmente da fala articulada e compreensível, a criança assume um espaço naquele sistema familiar e social. A partir disso, adquire direitos de estar ali, de tomar parte, de se expressar, de ser alguém que marca presença. A aprendizagem da família é não forçar, mas também não manter a criança balbuciando, com todos "compreendendo" seus grunhidos. Qualificar o esforço da criança, mas dando dados de realidade, quando compreende e quando compreende e quando não compreende o que ela diz.

Nascimento de irmãos

A primeira coisa que se relaciona com a vinda de um irmão é a lista de perdas que a criança terá. Isso é real, doloroso e importante para o seu amadurecimento. Lidar com essas vivências vão ajudar a lidarem com os sentimentos mais importantes das relações humanas (raiva, medo, alegria, angústia, pesar) e com as situações acompanhantes (vingança, proteção, ataque, defesa, previsão, preparação). Esses são alguns dos itens que a vinda de um irmão desencadeia e com os quais ensina a lidar.

O subsistema fraternal é o primeiro laboratório social; portanto, é muito importante na aprendizagem de ser humano e social. A família precisa aprender a colocar em marcha reorganizações necessárias e possibilitar que o subsistema fraternal desenvolva-se e possa desempenhar as funções inerentes (Ver item II. 2. E).

Ir à escola

A etapa de ida à escola é a inserção da criança e dos pais no mundo social, sem poderem se esconder.

A criança não tem como evitar a solidão, o medo, o desconhecido. Isso vai ocorrer, é inevitável; será a primeira vez que ela terá de contar com seus próprios instrumentos ou terá de aprender a pedir ajuda a pessoas estranhas, sem ter garantia de serem confiáveis. Se ela aprender a confiar em si e a confiar nos outros, levará essa aprendizagem para todos os setores futuros da sua vida.

Para os pais, a ida do filho para a escola é o momento de mostrar o que fizeram com seu filho e aguardar a avaliação e o veredicto do social.

Os riscos reais que a criança corre dependem da avaliação que os pais fizeram da escola. Depende, também, de que o pai e a mãe lidem com os dados de realidade, integrando-os com seus sentimentos e intuições.

Alfabetização

A entrada no mundo cultural se dá quando a criança começa a ler e escrever. Por mais que ela receba essa cultura (histórias, leituras, brincadeiras, relatos) através dos pais e avós – e isso sempre é muito importante e ajuda a inserção da criança –, ela passa a ser um sujeito que atua na cultura, escrevendo, lendo, criticando o lido e escrito. A tarefa dos pais é qualificar toda produção da criança, participando do seu crescimento cultural e artístico.

Pré-adolescência

É uma fase muito difícil, talvez a mais difícil, pois é a fase do "não ser". Não é adulto, não é criança; nem adolescente é! Não entende o que está acontecendo no seu corpo, na sua alma, na sua vida. Faz todos os esforços para ser um adolescente, mas não consegue deixar de reagir como uma criança. Como amar incondicionalmente o mau humor, a indecisão, o quer/não quer, as inadequações, as agressões? Aos pais cabe desenvolver compaixão e compreensão; isso se consegue, muitas vezes, lembrando da sua própria história, compartilhando com outros pais as emoções desencadeadas (e não só o incômodo e as reclamações), buscando experiências mais prazerosas no espaço do casal fora da família.

Adolescência

A mesma crise de identidade da pré-adolescência se mantém; em algumas circunstâncias, piora.

Não é adulto (mesmo que exigido em algumas tarefas e resultados); não é criança (mesmo que mantido na "cozinha com as crianças" nas horas importantes); não tem vida sexual permitida (mesmo estando com sua energia de sexualidade a mil por hora); não é bonito nem feio (mesmo que seja ou possa ser, não mantém o que enxerga); não é capaz nem incapaz (pode, sabe, quer muito, mas nem sempre acredita que e no que sabe, pode ou quer).

A adolescência é a fase de definir que tipo de adulto ele quer ser. Um adolescente funcional deve estudar e/ou trabalhar, ter uma turma, ter vida afetiva (e/ou sexual), ter responsabilidades nas tarefas de casa. Essa percepção não significa que a adolescência é uma fase fácil.

Aos pais, cabe a aprendizagem de desenvolver sentimentos e comportamentos de respeito e compartilhamento.

Pais funcionais de adolescentes têm responsabilidade e direito para exercer autoridade e limites; aceitam a autonomia, a privacidade e limites dos filhos; exercem suas regras sem culpa, mas com clareza e responsabilidade; lidam com seus aspectos, de casal e individual, que surgem ou dificultam o processo do filho.

Adulto jovem

É a fase de checar e desenvolver a competência: no estudo, no trabalho, nos namoros e relacionamentos. É a fase de treinar e pôr em prática na sua vida tudo que aprendeu até então: pertencimento, intimidade, limites, responsabilidades, expressão.

Adulto

É a fase de treinar e desenvolver autonomia. Autonomia não é meramente ter independência, mas ter a certeza de que pode se organizar sozinho, que sabe das suas competências e impotências, que tem clareza da sua capacidade e potência real. Também é a certeza de que sabe pedir, depender, aceitar o outro, receber ajuda, carinho e tudo o que lhe enriquecer ou fizer falta.

Saída de casa

As tarefas dessa etapa são: aceitação da responsabilidade emocional e financeira pelo eu; diferenciação do eu em relação à família de origem; desenvolvimento de relacionamentos íntimos com adultos iguais. É a fase de separar-se, para depois poder pertencer e juntar-se. Sair do conhecido, do protegido, e passar a ser sozinho, individual, são situações básicas que preparam para escolher parceiros e desenvolver uma vida em conjunto.

Em muitos casos, a permanência na casa dos pais tem se estendido. É importante avaliar cada caso, vendo o que cada situação (ficar ou sair) traz de aprendizagens para cada um dos envolvidos. Cada caso aponta para o que está por trás da dificuldade de sair ou do desejo de ficar. Podem ser dificuldades do casal, individualmente de um dos pais, ou do próprio filho em crescer.

Formação do sistema conjugal

É o comprometimento com um novo sistema. Na formação do sistema conjugal, há um realinhamento dos relacionamentos com as famílias ampliadas e os amigos para incluir o cônjuge. Se as fases anteriores tiverem sido bem aproveitadas, o casal poderá exercer sua conjugalidade, desempenhando as funções básicas do subsistema conjugal (Ver item II. 2. E). O espaço do casamento é onde aparece o melhor e o pior de cada pessoa. A grande aprendizagem é treinar para neutralizar os aspectos negativos e usufruir os aspectos positivos.

Nascimento dos filhos

O dilema maior dessa fase é aceitar funcionalmente novos membros no sistema. Pressupõe ajustar o sistema conjugal para criar espaço para o(s) filho(s); unir-se nas tarefas de sua educação; nas tarefas financeiras e domésticas; realinhar os relacionamentos com a família ampliada para incluir os papéis de pais e avós.

Quando um bebê nasce, nasce um pai e uma mãe, e as tarefas parentais deverão ser exercidas, sem abandonar as funções conjugais e as tarefas pessoais.

Famílias com adolescentes

As tarefas e aprendizagens familiares englobam: aumentar a flexibilidade das fronteiras familiares para incluir a independência dos filhos e as fragilidades dos avós talvez seja a tarefa mais difícil dessa fase; provavelmente, seja também a mais importante. É preciso modificar os relacionamentos entre progenitores e filhos para permitir ao adolescente movimentar-se para dentro e para fora do sistema, desenvolver novos focos nas questões conjugais e profissionais do meio da vida e começar as mudanças no sentido de cuidar da geração mais velha.

Lançando os filhos

O desafio maior é aceitar as várias saídas e entradas no sistema familiar. Isso acrescido da necessidade de renegociar o sistema conjugal como díade, desenvolver um relacionamento de adulto-para-adulto entre os filhos crescidos e seus pais, realinhar os relacionamentos para incluir parentes por afinidade e netos, além de lidar com incapacidades e morte dos avós.

Meia idade

É a época de avaliação do já feito, com possibilidades de redefinições e novas escolhas de opções antes realizadas. Ainda dá tempo para quase tudo que se queira. As tarefas são ligadas a reorganização dos projetos pessoais e/ou conjugais.

Menopausa

Estritamente definida, a menopausa é o fim natural dos ciclos menstruais e o encerramento da vida reprodutiva de uma mulher. No entanto, é também uma passagem espiritual e psicológica de profundo significado. Os pressupostos familiares e culturais sobre o envelhecimento e a feminilidade podem atuar de modo a abrandar ou intensificar os sinais e sintomas físicos dessa etapa. A redefinição da identidade sexual e a incorporação da feminilidade, sem os riscos de gravidez e de alterações hormonais mensais, podem trazer novos movimentos de resgate de alegria e de energia.

A menopausa masculina é uma passagem geralmente não mencionada. Às vezes, chama-se andropausa ou viropausa[75], mas também traz ansiedades e sintomas; da mesma forma que a feminina, pode desencadear um movimento de renascimento e renovação de valores, projetos e identidade.

Aposentadoria

É a fase da redefinição da identidade profissional e da competência. Possibilita a reorganização dos projetos de vida, a retomada de prazeres e objetivos adiados ou abandonados. Descobrir outros projetos e outras competências, que não profissionais, talvez seja o maior desafio dessa fase.

Velhice

O desafio é aceitar a mudança nos papéis geracionais. A família tem como tarefas manter o funcionamento e os interesses próprios e/ou do casal em face do declínio fisiológico; apoiar um papel mais central da geração do meio; abrir espaço no sistema para a sabedoria e experiência dos idosos, apoiando a geração mais velha sem superfuncionar por ela; lidar com a perda do cônjuge, irmãos e outros iguais; preparar-se para a própria morte. É o momento da revisão e integração da vida.

Morte

A preparação inclui definições e redefinições espirituais e relacionais. A forma mais harmônica ou mais traumática de lidar com a morte depende de valores, crenças, hábitos de cada família. Em algumas famílias, a morte é um fato que existe; conversa-se sobre ele, compartilha-se e redefine-se em todo os ciclos da vida familiar. Dessa forma, quando a morte de um familiar chegar, eles terão formas mais eficientes de lidar com a perda, a dor e as outras questões ligadas. Principalmente, poderão compartilhar essas experiências e saberão como cada um deles está vivendo o momento, quais os sentimentos e emoções que estão circulando.

---

[75] SHEEHY, G. *Novas passagens*: um roteiro para a vida inteira. Rio de Janeiro: Rocco, 1997. p. 305.

Os ciclos vitais especiais também trazem suas dificuldades, seus desafios e a possibilidade de grandes aprendizagens.

Divórcio

A primeira fase do divórcio é a decisão, que inclui a aceitação da incapacidade de solucionar as tensões conjugais de forma suficiente para manter o relacionamento e a aceitação da própria participação no fracasso do casamento.

A seguir, vem a etapa de planejar a separação do sistema. Inclui apoiar arranjos viáveis para todas as partes do sistema, resolver cooperativamente os problemas da custódia, manter a família unida apesar do divórcio.

Então, vem a separação de fato. Surgem dificuldades e tarefas de se dispor a continuar um relacionamento copaternal cooperativo e o sustento financeiro dos filhos. Isso tudo acrescido da necessidade de viver o luto pela perda da família intacta; de lutar para a reestruturação dos relacionamentos da díade progenitor-filhos e das finanças; da adaptação a viver separado, mas mantendo o parentesco com a família maior.

A etapa da concretização do divórcio possibilita maior elaboração do divórcio emocional:

- Superação de mágoa, raiva, culpa;
- Luto pela perda da família intacta;
- Abandono das fantasias de reunião, permanecendo a conexão com as famílias ampliadas.

A fase pós-separação de divórcio traz para o cônjuge que fica com a custódia dos filhos várias tarefas e aprendizagens:

- continuar com disposição para manter as responsabilidades financeiras;
- continuar o contato com o ex-cônjuge e apoiar o contato dos filhos com o ex-cônjuge e sua família;
- fazer arranjos flexíveis de visita com o ex-cônjuge e sua família;
- reconstruir os próprios recursos financeiros;
- reconstruir a própria rede social.

Para o cônjuge que não fica com a custódia dos filhos, as tarefas e aprendizagens são também importantes:

- continuar com disposição para manter o contato com o ex-cônjuge e apoiar o relacionamento dos filhos com o progenitor que tem a custódia;
- descobrir maneiras de manter uma paternidade efetiva;
- manter as responsabilidades financeiras com o ex-cônjuge e os filhos;
- reconstruir a própria rede social.

Recasamento

Ao iniciar um novo relacionamento, é necessária a recuperação em relação às perdas do primeiro casamento; é necessário um "divórcio emocional" adequado para poder haver um novo comprometimento com o casamento e com a formação de uma família, em que se tenha disposição para lidar com a complexidade e a ambiguidade.

Ao planejar o novo casamento e a nova família, é necessário aceitar os próprios medos e os do novo cônjuge, como também os medos dos filhos em relação ao fato. É indispensável aceitar a necessidade de tempo e paciência para o ajustamento às complexidades e ambiguidades de: múltiplos papéis novos, fronteiras, espaço, tempo, condição de fazer parte da família, autoridade, questões afetivas, culpa, conflitos de lealdade, desejo de mutualidade, mágoas passadas não resolvidas.

As aprendizagens ainda incluem trabalhar a honestidade no novo relacionamento, para evitar os mal-entendidos; planejar a manutenção de relacionamentos financeiros e de copaternidade cooperativos com os ex-cônjuges; planejar uma forma de ajudar os filhos a lidarem com seus medos, conflitos de lealdade e condição de fazer parte de dois sistemas; reorganizar os relacionamentos com a família ampliada para incluir o novo cônjuge e filhos; planejar a manutenção das conexões das crianças com a família do(s) ex-cônjuge(s).

Na efetivação do recasamento, são vários os desafios: aceitar um modelo diferente de família, com fronteiras permeáveis e inclusão do novo cônjuge (padrasto ou madrasta); realinhar os relacionamentos e arranjos financeiros em todos os subsistemas para permitir o entrelaçamento de vários sistemas; criar espaço para os relacionamentos de todos os filhos com os pais biológicos, avós e o restante da família ampliada; compartilhar lembranças e histórias para aumentar a integração da nova família.

Acidentes

Cada acidente traz a sua metáfora, que pode ser uma boa forma de entender o que está acontecendo, nesse momento, no emocional, no afetivo, nas relações. Um acidente de carro pode ser só um alerta para cuidar melhor da manutenção do veículo, mas pode ser um sinal de que a pessoa precisa prestar mais atenção no que faz e pode ser, também, uma metáfora de como está levando sua vida de forma descuidada.

Cada situação traz no seu bojo a necessidade de se reorganizar em relação às mudanças e às aprendizagens necessárias e específicas.

Perdas

Sejam elas de que natureza for, é necessário lidar com todos os aspectos das perdas: chorar a dor, expressar a raiva, limpar a culpa, para poder refazer o projeto de vida. (Ver item III. 16) A forma e o tempo necessários para lidar com esses aspectos dependem do funcionamento de cada pessoa ou família, da importância e profundidade da perda e de outros aspectos circunstanciais da vida, os quais facilitarão ou não esse processo.

As dificuldades familiares são geralmente maiores nos pontos de transição de um estágio para outro, no processo de desenvolvimento familiar. Existem muitas evidências de que os estresses familiares, que costumam ocorrer nos pontos de transição de ciclo de vida, criam rompimentos nesse ciclo e produzem sintomas e disfunções. Os sintomas podem ser rituais de passagem, dificuldades em deixar a fase, dificuldades em aprender o novo.

Para passar pelas etapas de desenvolvimento de forma mais funcional é preciso:

- Saber que é uma fase, e que tem tarefas específicas e aprendizagens inerentes;
- Tomar cuidado para manter a flexibilidade;

- Não evitar as emoções que são desencadeadas, taxadas de positivas ou negativas;
- Lidar com a situação real, evitando as utopias;
- Compreender racionalmente as fases e seus componentes;
- Exercitar a amorosidade e a compaixão.

Assim, será mais fácil passar pelas fases, e, todos os membros da família funcionarem de forma a auxiliarem uns aos outros a desencadearem as aprendizagens específicas de cada etapa.

III. COMPETÊNCIAS TÉCNICAS

As competências técnicas citadas a partir daqui são relacionadas com o desenvolvimento técnico do terapeuta, na compreensão relacional sistêmica.

No entanto, podem ser úteis para todos os terapeutas como forma de enxergar outras formas de atuar, que, como tenho visto nas minhas andanças nos cursos de pós-graduação e especialização, podem trazer reflexões e enriquecimento ao trabalho terapêutico de outras linhas e propostas.

1. Regras básicas

O atendimento clínico relacional sistêmico se define a partir das teorias de base e da postura e compreensão sistêmica. Para facilitar essa estruturação foram definidas algumas regras básicas que irão nortear o trabalho clínico.

Como o foco da terapia é o trabalho com o padrão de funcionamento, quanto antes o terapeuta enxergar os aspectos do padrão do seu cliente, mais ágil ficará para auxiliá-lo.

A compreensão de que o trabalho terapêutico se inicia no primeiro contato, na primeira fala, define a importância de se *avaliar o encaminhador*; *avaliar os dados do pedido*; e preparar sistemicamente *o primeiro telefonema* e *a primeira sessão*[76].

---

[76] ROSSET, S. M. *Terapia Relacional Sistêmica*: indivíduo, família, casal e grupo. 2014. p. 25.

O padrão de relação do sistema terapêutico[77] começa a se desenhar nos primeiros intercâmbios (Ver item III. 12). É tarefa e responsabilidade do terapeuta estar atento ao padrão que está sendo delineado; se ele é terapêutico ou repetitivo do padrão de interação disfuncional que o cliente tem na vida, e também se não é conivente com esse padrão disfuncional.

A. Encaminhamento e pedido

O trabalho inicia-se na avaliação de quem fez o *encaminhamento*.

Com o desenvolvimento da prática clínica, neste enfoque, o terapeuta vai mapeando as suas fontes de encaminhamentos e os padrões repetitivos nos clientes que vêm de cada uma delas. Então, a partir de saber quem encaminhou o cliente, o terapeuta já pode levantar suas primeiras hipóteses.

A pertinência do cliente para a terapia depende, em muito, do tipo de encaminhamento realizado e do trabalho prévio que o encaminhador realizou. Quanto mais o encaminhador souber sobre as propostas e os pressupostos relacionais sistêmicos, melhor ele vai poder explicar as possibilidades desse trabalho e a importância das escolhas e da responsabilidade do cliente no processo.

Um cliente que vem com um encaminhamento coerente já está em processo terapêutico ao pedir a sessão.

Em muitas situações, é possível fazer um "treinamento dos encaminhadores", clareando a proposta relacional sistêmica e, assim, se somam esforços para que o cliente, ao vir para a terapia, já esteja trabalhando no seu padrão de funcionamento, sem fantasias mágicas ou depositações no terapeuta.

Uma outra questão com relação à qual se deve ficar atento é a semelhança de traços do padrão de funcionamento dos clientes que vem indicados pelo mesmo encaminhador.

A avaliação do padrão do pedido começa a se delinear já no primeiro contato do cliente com o consultório. Os dados que ele passa, a forma que faz o contato e o pedido são importantes para serem avaliados como primeira demonstração do seu padrão de funcionamento.

---

[77] *Ibid.*, p. 53.

Com essa forma de lidar com *o pedido*, temos a intenção de:

- Passar para o cliente, já na postura, uma ideia clara da proposta terapêutica, e,
- Desenvolver, desde o início, um nível de pertinência que possibilite um trabalho focado na mudança dos padrões de comportamento do sistema que está procurando atendimento.

Os dados registrados sobre o pedido que o cliente faz (quem ligou, para quem é o pedido, o que é falado, como é falado, entre outros) vão dando pistas, possibilitando a formação de novas hipóteses ou reforçando as já existentes sobre o funcionamento daquele sistema que está fazendo contato.

Sem interpretações desnecessárias ou fantasiosas, mas levantando hipóteses variadas, para que ao falar com o cliente já tenha o que checar, o que pesquisar.

B. Primeiro telefonema

O terapeuta fará seu primeiro contato com o cliente: pelo telefone, já com vários dados e várias hipóteses (pelos dados do encaminhador, pela forma do pedido, pelas elucubrações do terapeuta).

Nesse primeiro telefonema, o terapeuta irá:

- Checar algumas hipóteses sobre o padrão de funcionamento,
- Colher dados necessários (o que está acontecendo, com quem, quem quer o atendimento, entre outros),
- Redefinir o pedido e o enquadre, se for necessário.
- Definir quem virá para a primeira sessão.

Por ser pelo telefone o primeiro contato entre o terapeuta e o cliente, é fundamental que o profissional já comece a explicitar qual é a sua abordagem e a ideologia subjacente ao problema que lhe está sendo apresentado.

O fato de não usar o telefone somente para a marcação da primeira entrevista, de forma passiva e automática, faz o interlocutor entender que existem princípios diferentes nessa terapia.

O primeiro telefonema vai também definir o que deverá ser realizado (se haverá uma primeira sessão, quem deve comparecer, quando vai ocorrer e qual o seu objetivo).

Nos pedidos de terapia de família é importante explicitar que na primeira sessão devem vir *todos os integrantes da família*, para que fique clara a proposta de "terapia de família" e não de "terapia para alguém que está com dificuldades e a família vem para ajudá-lo".

Nos pedidos de terapia de casal, é muito comum que um dos elementos queira vir antes sozinho, "para explicar melhor" ou por qualquer outra razão. Neste momento o terapeuta precisará de habilidade teórica e relacional para explicar que a primeira sessão é com os dois envolvidos.

Ao mesmo tempo, é importante estabelecer um vínculo com quem telefona, de forma a facilitar a coerência das informações e o trabalho futuro. Isso significa que o terapeuta vai redefinindo o que for necessário, para que o cliente compreenda e confie nas propostas apresentadas e para que comece já a desenvolver comportamentos importantes para o trabalho, ou seja, *responsabilidade pelo processo* e *pertinência para a mudança*.

O desenvolvimento da responsabilidade é fundamental, uma vez que é o primeiro passo para que o cliente amplie a consciência do seu funcionamento. A pertinência, compreendida como disponibilidade e prontidão para a mudança, vai definir o quê, como e com quem o terapeuta vai desenvolver o trabalho.

Algumas vezes, antes da primeira sessão são realizados mais telefonemas, tantos quantos se façam necessários, para que o terapeuta tenha uma ideia clara do que está acontecendo, quem está envolvido, quais são os objetivos. Na maioria dos casos, porém, em um só telefonema já é possível ter uma decisão do que deverá ser feito e já marcar a primeira sessão pertinente ao encaminhamento.

As perguntas do primeiro contato servem para avaliar o que está acontecendo e com quem está acontecendo, mas o foco, durante todo o tempo, é avaliar a pertinência do pedido e a pertinência do cliente. Nesse caso, pertinência significa coerência com a proposta de aprendizagem, mudança, responsabilidade, bem como o desejo e a possibilidade do cliente para isso.

O uso de chamadas, do "futuro cliente", pelo telefone celular dificulta manter essas propostas para o primeiro telefonema. É importante o terapeuta ter essa clareza. Uma das formas de manter o enquadre é só anotar o pedido e mais tarde fazer o primeiro telefonema; ou manter esse enquadre coerente através de mensagens pelo *Whatsapp*.

C. Primeira sessão

Na primeira sessão, o terapeuta já terá dados suficientes para levantar hipóteses sobre o funcionamento do cliente, vindos da avaliação do encaminhamento, os levantados pela forma e conteúdo do pedido, e as feitas no primeiro telefonema.

O terapeuta terá um protocolo com passos ou etapas (**vincular**, **levantar a queixa**, **circular**, **redefinir**, **definir objetivos**, **contratar**) que servem como um mapa para organização do primeiro encontro terapêutico e que podem ser seguidos, ou não, dependendo das contingências específicas do momento, da situação, da problemática, da necessidade dos clientes e do terapeuta. Esse protocolo é um instrumento de auxílio para não se emaranhar nos conteúdos, e não uma cangalha para amarrar e conter o terapeuta.

- **Vincular** significa fazer contato com o cliente, colocando-se perto o suficiente para sentir o que está ocorrendo com ele, mas com distância suficiente para dar ao cliente esperança de que pode haver mudança e reorganização.
- **Levantar a queixa** é perguntar e questionar sobre o que está acontecendo, quais são os sintomas, quais são as dores e dificuldades ligadas a eles. É saber por que eles vieram.
- **Circular** é perguntar, perguntar, perguntar. Sobre as ligações, sobre os sintomas, sobre os tempos, sobre os sistemas familiares, sobre as gerações, sobre os envolvimentos. Sobre o que cada elemento da família ou do casal compreende e sente com os problemas e dificuldades, bem como sobre a vinda à terapia. Sobre o que já foi tentado, quais terapias já foram realizadas. É circular entre sintomas, entre sistemas, entre tempos e espaços, entre desejos, fantasias, explicações, motivações. Uma boa circulação deixa o terapeuta com elementos para fazer uma boa redefinição.
- **Redefinir** é transformar uma queixa que não apresenta nenhuma saída em algo que possa, efetivamente, ser trabalhado terapeuticamente (Ver item III.3). É um jeito de mudar a conotação ou

o envolvimento com o problema de forma que surjam novas saídas, novos ângulos e novos olhares. Se o pedido do cliente é pertinente (pressupõe sua responsabilidade e é focado na sua própria aprendizagem e nas mudanças que ele tem competência para fazer), não há necessidade de redefinir, pois já existe um trabalho delineado.

A redefinição é um dos focos dos primeiros contatos (recebimento do pedido, primeiro telefonema e primeira sessão). Existem várias modalidades de redefinição, dependendo do conteúdo e da forma:

- redefinição da relação terapêutica,
- de postura,
- de contexto,
- de queixa,
- de conteúdo.

Além da redefinição da queixa e dos objetivos, é de grande importância redefinir a postura terapêutica e a relação terapêutica. Uma pergunta ou um comentário que crie algum impacto no início da sessão possibilita uma redefinição de postura, que será um facilitador para redefinir todo o pedido e o trabalho.

A redefinição é importante quando se considera a intervenção terapêutica numa perspectiva sistêmica, em que o objetivo consiste em restituir ao cliente o controle dos seus problemas. Por isso, uma das primeiras tarefas do terapeuta é alterar os desejos estereotipados que o cliente traz para a terapia, redefinindo a relação terapêutica, de modo que a família, ou o indivíduo, torne-se responsável pela solução dos seus problemas de interação, na medida em que esses tornam-se claros com a ajuda do terapeuta.

- **Definir objetivos** é propor um acordo sobre com o quê vão trabalhar, em quais aprendizagens/mudanças vão focar. O processo terapêutico estrutura-se a partir da definição de objetivos terapêuticos. Essa definição deve servir como um fio condutor que auxilia o terapeuta a manter a coerência do processo e um aliado do terapeuta, e não um mecanismo que maniete o terapeuta.

Quando o cliente chega, tem seus próprios objetivos, os quais podem ser coerentes (pertinente, viável, mensurável, terapêutico), confusos (desejo de mudança para outra pessoa que não está presente na sessão ou é "etéreo", é "gasoso"), inviáveis (deseja coisas que não são possíveis de serem alcançadas). No caso dos objetivos coerentes, o terapeuta vai juntar suas forças às do cliente para definir uma ação terapêutica. Nos outros casos, o terapeuta deverá redefinir os objetivos (para que o cliente compreenda, mude e transforme o seu primeiro objetivo em algo trabalhável) ou poderá trabalhar com o cliente, durante um tempo, com o foco no desenvolvimento de pertinência para a mudança (o objetivo dessa etapa é definir um objetivo trabalhável) (Ver item III. 7).

- **Contratar** é um acerto entre terapeuta e clientes sobre aspectos que são indispensáveis para a estruturação do trabalho. Explicitam-se os pontos que são indispensáveis para o conforto do terapeuta e a viabilidade do trabalho. Cada terapeuta, e em cada momento profissional, tem necessidade de acordar aspectos específicos.

Também serão acordados os pontos que ajudarão o cliente a não repetir seu padrão relacional disfuncional e que facilitarão as aprendizagens necessárias.

O contrato terapêutico representa, também, a implicação de cada um para que sejam atingidas as mudanças desejadas. Quanto mais claro, circunstanciado e concreto for o contrato, mais eficaz e consequente será a terapia.

Reflexões sobre a primeira sessão

- As colocações feitas pelo terapeuta, na primeira sessão, servem para definir o padrão de interação terapêutico que vão desenvolver (Ver item III. 10), mas também tem a função de já serem terapêuticas, no sentido de mostrar novos caminhos, novas formas de ver a realidade e de relacionar-se. Esse primeiro contato não deve girar em torno de revelações estéreis de uma entrevista de avaliação, mas deve definir como terapeuta e cliente vão se relacionar.
- Os dados concretos do trabalho (horário, intervalo, custos, forma de pagamento, quem paga, tarefas) serão definidos sempre tendo

em conta o que será mais útil para ajudar o cliente a realizar as aprendizagens que necessita ter naquele momento. Portanto, essas definições são elaboradas e adaptadas a cada caso em particular.

- Quando se avalia com o cliente seus comportamentos e sintomas, independentemente de serem disfuncionais ou não, a discussão encaminha-se no sentido de avaliar se o cliente percebe seu padrão de funcionamento, se enxerga o que está precisando aprender e o que está precisando mudar. Essa avaliação vai definir os objetivos gerais do trabalho a ser desenvolvido, que dependerão do nível de consciência do seu próprio funcionamento, das aprendizagens necessárias, da autonomia e da seriedade dos sintomas.

Na primeira sessão, alguns pontos são indispensáveis:

- Flexibilizar as leituras lineares: é comum que a família, ao chegar à sessão, esteja com várias leituras lineares sobre sua situação, ou seja, acreditam que alguém é o culpado do que está acontecendo, espera descobrir a causa única dos eventos, coloca na mão do terapeuta a cura da situação. Quanto antes o terapeuta flexibilizar essas crenças, antes a família iniciará um real processo terapêutico.
- Redefinir o sintoma como uma situação familiar: é necessário para o bom encaminhamento que a família enxergue outras leituras do sintoma, além da que já tem. Compreender que os sintomas são desencadeados e mantidos por situações relacionais e familiares tira a ideia de um culpado ou doente e possibilita novas pautas relacionais. Isso realizado com todos os membros da família presentes tem uma força de reorganização muito intensa.
- Definir as aprendizagens de cada subsistema familiar: essa é uma forma de circular e redistribuir a questão na família. Ao levantar o que cada um precisa aprender (individualmente, os pais, o casal, os filhos, a família como um todo), amplia-se o olhar sobre a situação da queixa e das leituras simplistas, e possibilita escolhas para os clientes.
- Negociar encaminhamentos: após essas redefinições, a família tem elementos para avaliar e negociar por quais caminhos querem ou podem iniciar o trabalho terapêutico.

- A partir do que ficar acordado nessa primeira sessão, vai se desenvolver o processo terapêutico familiar ou de casal. O contrato vai organizar o andamento, mas com flexibilidade para que os objetivos, o tipo de trabalho, os intervalos e o comparecimento possam ser avaliados, reavaliados, definidos e redefinidos conforme se desenvolvem.
- O foco principal será sempre possibilitar aos membros da família ou do casal que enxerguem seus funcionamentos, tenham mais consciência e controle sobre seus álibis e suas compulsões relacionais, façam as aprendizagens necessárias e desencadeiem as mudanças a que se propõem.
- Descobrir os valores, as crenças, as prioridades do cliente, para utilizá-los como facilitador da sua colaboração. "Escutar" as palavras, o tom, as ênfases.
- Também deve ficar claro que a definição de preço e formas de pagamento faz parte dos encaminhamentos terapêuticos e serão determinados na primeira sessão. A definição de quanto pagar, quando pagar, como pagar, quem pagará não são meras definições financeiras, mas sim definições que envolvem todo o funcionamento do sistema terapêutico. Tais definições devem ser feitas dependendo do padrão de funcionamento do cliente e sempre deverão ser terapêuticas para ele – devem auxiliar nas aprendizagens necessárias, possibilitar novos comportamentos, responsabilidades e escolhas.

D. Planificação dos casos

A partir da discussão ou redefinição dos objetivos, estrutura-se uma programação do processo terapêutico, em função do que cada cliente necessita para atingir tais objetivos acordados ou redefinidos.

Essa programação não é uma tentativa de encaixar o cliente e nem um engessamento do terapeuta, mas um auxílio para que cliente e terapeuta saibam para onde estão caminhando e para quê.

A programação só tem funcionalidade se for acompanhada de avaliações constantes, com a possibilidade de redefinição dos objetivos, do caminho ou da proposta terapêutica.

Planificar é imprescindível para aplicar com eficiência as estratégias terapêuticas e para resolver os problemas com eficácia.

Planificar e *reavaliar* são dois pontos muito importantes para a planificação do processo e das sessões.

Alguns cuidados ajudam nessa planificação:

- Estabelecer o problema do cliente;
- Que ações são mais centrais para as transações implicadas no problema;
- Estabelecer a solução tentada pelo cliente (qual é o impulso básico);
- Qual é a ação mais eficaz para impedir a anterior solução;
- Decidir o que se deve evitar;
- Formular um enfoque estratégico;
- Formular táticas concretas;
- Que ações se incorporariam com mais facilidade na rotina;
- Que pessoa desempenha o papel mais estratégico na manutenção do problema;
- Formular objetivos e avaliar os resultados.

No exercício de planificação, são muito úteis as propostas de Kesselman[78], oriundas das propostas do Pichon-Rivière, sobre a tarefa de planificar processo e sessões. Ele define que em todo processo de planificação da mudança é importante avaliar os 6 vetores do funcionamento do cliente e seguir os 4 princípios básicos para o planejamento e execução da tarefa terapêutica.

Os 6 vetores são:

- Pertenência: pertencimento ao sistema atendido, envolvimento com a tarefa,
- Pertinência: se é pertinente, viável aquele trabalho,
- Cooperação: qual é o nível de disponibilidade e responsabilidade com a mudança,

---

[78] KESSELMAN, H. *Psicoterapia breve*. Madrid: Editorial Fundamentos, 1985. p. 33

- Comunicação: qual o padrão de comunicação, se faz entender, entende o que lhe é dito, que falhas ou habilidades tem,
- Aprendizagem: qual a condição e a disponibilidade para aprender com as experiências, e
- Tele: a pessoa se mostra como é, percebe o outro como ele é; quais dificuldades tem na relação com as pessoas.

Os 4 princípios básicos ou momentos do planejamento são:

- Logística: avaliação do campo onde ocorrerá o trabalho, e de todos os itens que englobam a situação,
- Estratégia: o que se vai fazer, qual a melhor forma de alcançar seus objetivos,
- Tática: a maneira de colocar em prática a mudança, qual a forma mais viável,
- Técnica: instrumentos que serão usados no projeto.

2. Postura

A. Coerência

Toda a teoria e a compreensão relacional sistêmica só será útil se houver uma postura coerente do terapeuta.

Essa postura coerente pressupõe um constante trabalho pessoal do terapeuta no seu próprio padrão de funcionamento; isso levará a uma forma de ser e de trabalhar com humildade e compaixão, por si mesmo e pelos clientes.

Ao avaliar seu cliente, não terá um posicionamento de bom e ruim, mas sim, será uma avaliação para enxergar o quanto de consciência do seu próprio funcionamento o cliente tem. E, a partir disso, auxiliá-lo a enxergar seu padrão, a desenvolver as aprendizagens pertinentes e desencadear as mudanças viáveis.

Um dos cuidados importantes é respeitar o tempo do cliente, sem forçá-lo a ir onde ainda não tem condições. Mas, também é importante não ser conivente com as dificuldades do cliente. Isso se refere à importância de diferenciar o momento em que o cliente está realmente frágil e vulnerável e necessita de cuidados e continente, daquele em que ele está usando suas dificuldades como álibi para não ir adiante, para não se responsabilizar, para não assumir suas questões.

Por isso, a importância de o terapeuta estar atento ao padrão de interação do sistema terapêutico (Ver item III. 10), bem como ter cuidado para não estabelecer um vínculo tal com o cliente que, ao invés de ajudar seu crescimento, fique conivente com suas dificuldades e disfunções.

B. Responsabilidade e Possibilidades

Uma crença que permeia o trabalho relacional sistêmico é a de que, independente da qualidade da relação que alguém teve com seus pais, todos os filhos podem fazer bom uso do bom e do ruim que receberam ou sofreram. Seja o que for que a pessoa tenha vivido ou sofrido, é possível treinar, aprender, compreender, reformular, transformar, transmutar.

O ponto nodal dessa forma de trabalhar é levar o cliente a responsabilizar-se pela vida que quer e escolhe construir. Viver as dores, expressá-las, perdoar, compreender fazem parte da tarefa de lidar com o que recebeu.

A partir disso, inicia-se o programa de tomada de consciência das formas que cada indivíduo usa no seu funcionamento, bem como das aprendizagens, tarefas e mudanças que serão necessárias para definir o futuro que cada um escolher para si.

A base do trabalho é não permitir que o cliente faça "mau uso" dos traumas e das dificuldades da vida de criança ou adolescente, usando-os como álibis para não se responsabilizar e mudar a postura perante a vida. Compreender que as pessoas chegam à adolescência, e à vida adulta, com o ônus e o bônus de terem sido criados naquele sistema familiar específico, com aquele padrão específico, é uma das bases das mudanças terapêuticas de postura e comportamento.

No tocante à forma que foram suas relações familiares, a pessoa tem, basicamente, dois caminhos a escolher:

a) usa as dificuldades, os traumas, os sofrimentos vividos na infância como uma boa desculpa para suas dificuldades atuais e um bom álibi para explicar seus defeitos, suas impossibilidades;

b) usa as dificuldades vividas como um mapa, um sinalizador do que precisa aprender, precisa mudar; em quais departamentos da sua vida precisa prestar mais cuidado e atenção.

Aceitar a responsabilidade por seu processo possibilita mergulhar nas clarificações e mudanças dos próprios padrões de funcionamento. Tira os álibis; responsabiliza; muda a vida.

Apesar de como criança ter estado carente de amor e apoio e, depois, como adulto, estar privada da sua habilidade de funcionar, ou seja, de amar, dar e receber, a pessoa precisa atingir um entendimento da sua disfunção. Para tanto, o amor pode ser útil, mas ela precisa entender que ninguém pode viver por ela, respirar ou buscar por ela. Ela precisa saber que ser completa significa estar plenamente da posse de si mesma. Precisa saber que, para isso, terá que desenvolver autoconsciência, auto expressão e autodomínio.

Todas as limitações, que um indivíduo assume que tem, impedem-no de descobrir se esse é, de fato, um limite real. Elas protegem e defendem a pessoa de, realmente, checar sua competência.

C. Trabalho pessoal do terapeuta

a) No seu padrão de funcionamento: pois é o desencadeante de todos os processos; e faz parte da postura básica do terapeuta relacional sistêmico (Ver item III. 8). Estar em processo de enxergar os traços do seu padrão de funcionamento, auxiliará o terapeuta a não pressionar o seu cliente, mas acompanha-lo; a saber pela sua vivência que conhecer o padrão não é "um lugar no qual chegar" e sim "um caminho constante a ser percorrido".

b) Na auto-supervisão: essa postura de usar a auto-supervisão como uma alavanca para fazer diferente (e não no olhar linear de fazer certo ou fazer errado) possibilita um processo constante de aprimoramento, consciência e criação pessoal (Ver item III. 8).

3. Redefinição

Em linguagem simples, redefinir é transformar o pedido, a queixa, a dificuldade que não tem saída, em trabalho terapêutico.

Segundo Andolfi[79] a *redefinição* é um elemento importante para criar um contexto que possibilite mudanças no funcionamento da família.

Tendo em vista que a Terapia Relacional Sistêmica foca no trabalho terapêutico com o padrão de funcionamento – desenvolvimento da consciência dele, as aprendizagens que seriam necessárias e as mudanças do próprio padrão – a redefinição é indispensável para desenvolver a pertinência do cliente para este foco.

O processo de redefinições organiza o trabalho, junta as forças do terapeuta e do cliente para o mesmo foco e diminui a resistência e o medo das mudanças.

Existem redefinições:

- da relação terapêutica,
- do contexto,
- do problema,
- da queixa,
- do problema em termos positivos, e
- ampliação do problema.

A partir desse novo ponto de partida, podem ser procuradas novas formas de relação entre os elementos da família ou do casal, e com os problemas e dificuldades.

Muito importante saber que não existe uma redefinição certa. Existe a redefinição feita por aquele terapeuta, com aquele cliente, naquele momento específico. E, a melhor definição é aquela que consegue transformar aquele pedido, aquela queixa, daquele cliente, com aquele terapeuta, em algo trabalhável.

Nos atendimentos de família é muito útil fazer uma redefinição bem estruturada sobre o foco do processo terapêutico; na primeira sessão é importante que a família saia do encontro com todos envolvidos no processo terapêutico e não só o cliente com sintomas. Fazer essa redefinição com todos da família ouvindo a mesma coisa, e tirando o foco da terapia do sintomático e passando para a terapia da família são elementos que garantem um bom andamento ao processo terapêutico. Em situações em que o terapeuta não consegue fazer essa redefinição na

---

[79] ANDOLFI, M. *A terapia familiar.* Lisboa: Editorial Veja, 1981. p. 31.

primeira sessão, será difícil realiza-la no andamento, pois, por resistência ou por visão linear, os membros da família irão sempre se prender ao comportamento de vir a terapia para auxiliar quem tem sintomas, ou só "de corpo presente".

Nos atendimentos de casal, a eficácia da terapia depende muito de, na primeira sessão, através da redefinição da queixa e do pedido, ficar claro para os dois envolvidos que o funcionamento do casal mudará a partir da disponibilidade e das mudanças individuas na relação. É uma redefinição que limpa o campo dos álibis, desculpas, culpabilizações e outros comportamentos que impedem a ação terapêutica.

A redefinição realizada na primeira sessão do casal, previne a possibilidade de os dois ou um dos participantes continuarem com a mesma proposta de quando vieram: buscando um juiz (quem está certo?), um aliado (veja como eu sou bom, sou melhor que o outro; e como sou vítima da situação e da maldade do outro) ou um mágico (só virem à terapia já faz a mudança).

Em todas as situações, independente da história e dos dados, a redefinição irá auxiliar cada um dos envolvidos a decidir qual história quer escrever daquele momento em diante: um mártir das situações difíceis que viveu ou vive, ou outra história que pode escolher e trabalhar arduamente para desencadear.

Esse é um cuidado para não deixar que o cliente use as dificuldades como álibi, deixando de responsabilizar-se e fazer suas próprias escolhas.[80]

4. Enxergar padrão de funcionamento

A. Partindo do pressuposto de que padrão de funcionamento

- É um aspecto importante na Teoria Sistêmica.
- É o foco básico do trabalho (teórico, técnico e clínico) da Terapia Relacional Sistêmica.
- É uma forma repetitiva – de agir, reagir, sentir, pensar e se relacionar – que o indivíduo tem.

---

[80] SCHUTZ, W. *Profunda simplicidade*. Lisboa: Ágora, 1989. p. 33.

- Se estrutura desde os primeiros momentos de vida, tendo origem nos padrões de funcionamento familiar.
- Tem como função básica a defesa, a proteção e a sobrevivência.
- Pode ser visto no Corpo, no Pensamento, nos Sentimentos, na Ação e principalmente nas Relações.
- É um quebra cabeça; nunca se completa a compreensão total; contém uma estrutura básica na qual se agregam traços compatíveis;
- O mais importante é a tomada de consciência, para depois poder alterar ou controlar.
- Os álibis relacionais – desculpas "psicologicamente corretas" que protegem e justificam as pessoas a não mudar e a não fazer de forma diferente – e as compulsões relacionais – respostas automáticas que a pessoa dá nas variadas situações relacionais – fazem parte do padrão de funcionamento.

B. Como enxergar o padrão de funcionamento

- O primeiro passo é compreender o que é padrão de funcionamento, mas o mais importante é compreender que é um caminho e não um lugar para se chegar; ou seja é a montagem de um quebra cabeça, pecinha por pecinha.
- Outra questão é que o padrão, ou os traços do padrão, não são bons ou ruins; e sim só são! O que faz diferença não é o traço do padrão, mas sim o quanto a pessoa enxerga dele.
- Portanto, para enxergar seu padrão, ir organizando e tendo consciência e controle dele, é necessário ter humildade. Pessoas que funcionam com pensamento linear, que tem expectativa de serem perfeitas, que tem dificuldades em lidar com aspectos sem controle ou consciência, terão maior dificuldade em enxergar seu próprio padrão de funcionamento.
- Pesquisar e enxergar seus álibis prediletos (e os álibis familiares e de casal).
- Pesquisar e enxergar suas compulsões relacionais.
- Ir juntando os álibis que vai enxergando (depois de enxergar um álibi, não tem como dizer que não viu; pode-se não o

mostrar para os outros, por escolha ou por defesa, mas depois que se viu, está visto!), com as compulsões que vão ficando visíveis, é um movimento que pode ser prazeroso, desde que seja realizado sem culpas, sem perfeccionismo, como uma descoberta ininterrupta.

- Perguntar-se "para quê" (fiz isso; ou aquilo; ou não fiz; ou falei; ou me contive; etc.) é uma rotina muito útil para chegar nas respostas que apontam para aspectos que são estruturais no padrão de funcionamento.
- A partir disso, é um constante trabalho de ficar atento aos sinais do seu padrão: mensagens do seu corpo (sintomas, dificuldades e facilidades, cores e calores, percepções que o corpo passa, simbolismos do corpo); funcionamento da sua mente.
- Outra possibilidade, é perguntar para pessoas o que enxergam que você precisa aprender, precisa mudar, ou o que enxergam do seu padrão.
- Enxergar aspectos do seu padrão não obriga a mostrar para os outros; enxergar é a base, mostrar ou não é escolha.

C. Como mostrar ao cliente seu padrão de funcionamento

- Antes de qualquer preocupação em mostrar o padrão do cliente, é importante avaliar o momento e o tipo de trabalho que será realizado. Para um cliente em crise (Ver item III. 6), apontar aspectos do padrão de funcionamento pode ser agressivo e inútil. Para um cliente, sem foco terapêutico, sem pertinência para mudança, mostrar aspectos do padrão pode ser inócuo e não auxiliar em nada (Ver item III. 7);
- Ao enxergar aspectos do padrão de funcionamento do cliente, a primeira preocupação deve ser de levantar hipóteses de como ele poderia reagir ao enxergar ângulos do seu funcionamento, quer ele já enxergue ou não. Essas hipóteses servirão de balizadores aos passos seguintes que são mostrar para o cliente o que o terapeuta enxergou;
- Pode-se começar explicando o que é padrão de funcionamento; e/ou

- Pode-se retomar o contrato lembrando que o foco do trabalho é o cliente enxergar sua forma de funcionar e as aprendizagens e mudanças coerentes com este funcionamento; e/ou
- Marcar a repetição de comportamentos nos relatos do cliente; e/ou
- Criar hipóteses do porquê das reações das pessoas ao cliente; e/ou
- Colocar o que enxerga como hipótese do funcionamento do cliente.

A partir dos aspectos que o terapeuta enxerga do padrão do cliente, vai criando estratégias, usando a linguagem do cliente, apontando, marcando de forma que auxilie o cliente a enxergar aspectos do seu padrão de funcionamento; mas se interesse em trabalha-los.

5. Estratégias terapêuticas

Chamamos estratégias terapêuticas todo e qualquer elemento que seja usado na sessão ou no intervalo das sessões para auxiliar o cliente a enxergar seu padrão de funcionamento, para facilitar as aprendizagens e as mudanças pertinentes.

Cada terapeuta terá maior facilidade em usar uma determinada estratégia, e geralmente terá maior habilidade em usar estratégias as quais já tenha sido o sujeito.

Saber para que está usando aquela estratégia, qual é o objetivo, ajuda a fazer escolhas, ousar, e fortalecer a prática terapêutica.

Tudo tem valor de estratégia; a questão será a sua utilidade para atingir os objetivos da sua escolha. Então podemos usar:

- A postura – o terapeuta pode flexibilizar ou não, ser mais íntimo ou mais formal, mais condescendente ou mais cobrador, e assim por diante; para poder dar oportunidades de trazer à tona questões do cliente e para possibilitar experiências relacionais terapêuticas ou úteis;
- A relação terapêutica – exemplificando e mostrando para o cliente os aspectos da relação com o terapeuta, como modelo ou como forma do cliente ensinar e ter experiências necessárias;

- As tarefas – dentro da função de esticar a sessão para a vida real; para desencadear relações entre os membros do casal ou da família, com objetivos específicos; para trabalhar as aprendizagens, os treinos, a percepção e as mudanças do padrão de funcionamento; entre outros objetivos.
- Os intervalos – ter flexibilidade na definição dos intervalos entre as sessões pode ser muito interessante e útil; por exemplo: manter pré-definida a data e sessões semanais (para cliente com dificuldade de lidar com inconsistências, ou com dificuldades mais sérias que precisam de presença mais constante do terapeuta); deixar em aberto e o cliente irá marcar a próxima sessão, quando quiser, quando precisar, quando terminar a tarefa (quando a aprendizagem desse momento são ligadas a escolhas, responsabilidade, decisões); definir o intervalo dependendo do quanto a sessão foi desafiadora, do tempo necessário para as tarefas, do que precisa aprender ou treinar, das possibilidades e condições do cliente e do terapeuta;
- As técnicas – para sessão ou para os intervalos (Ver item III. 6);
- Os filmes – propor que os clientes assistam filmes que mostrem aspectos do seu padrão de funcionamento, aprendizagens e mudanças coerentes, e para reforçar assuntos lidados na sessão;
- Os livros – para exemplificar e mostrar novas ideias referentes aos assuntos da sessão;
- O espaço terapêutico – a organização espacial e do setting terapêutico devem ser coerentes com o foco e os objetivos do trabalho;
- Aulas e ensinamentos – dependendo do funcionamento do cliente, pode ser muito útil ensinar aspectos teóricos ou sobre relacionamentos, entre outros, no tipo aula.

Importante saber que o uso de estratégias terapêuticas é uma escolha do terapeuta para os momentos em que o processo do cliente não está fluindo, e não uma obrigação do terapeuta para ser "bom terapeuta".

Dependendo do objetivo terapêutico, e do padrão de funcionamento do cliente e do terapeuta, algumas estratégias serão uteis e outras não.

6. Trabalho de crise

Na compreensão relacional sistêmica, quando o cliente busca a terapia, o terapeuta avalia se o pedido e as condições do cliente possibilitam:

- Uma terapia processual (o cliente tem pertinência para mudança, e o trabalho será focado em desenvolver a consciência do seu padrão de funcionamento, em realizar as aprendizagens necessárias e desencadear as mudanças indicadas);
- Ou, a possibilidade é de uma terapia pontual (quando o nível de pertinência para a mudança é muito baixo, e então a terapia será focada com começo e fim em cada sessão);
- Ou, o que é indicado é uma terapia de crise.

A terapia de crise é indicada quando o cliente que pede terapia está vivendo um momento de crise, por ter passado por algum tipo de *perda*.

Nesta situação, a avaliação não é feita com base em sua pertinência ou não, em sua responsabilidade ou não, assim como em outros itens relacionados. Num momento de crise, o cliente necessita de contenção e de um trabalho específico para reorganizar-se.

É importante salientar que estar em momento de crise não significa que está sob intenso sofrimento, mas sim que está em sofrimento por perdas acontecidas. Essa diferenciação é necessária, tendo em vista que muitas situações que, apesar da imensa dor, o que o cliente necessita é reposicionar-se, responsabilizar-se, ter aprendizagens e mudanças.

No caso desse sofrimento ser desencadeado por uma perda, antes de qualquer outra redefinição, é necessário lidar com a perda em si; assim, depois, o cliente pode se fortalecer para fazer um processo terapêutico (se for sua vontade) ou voltar para sua vida de forma mais organizada.

Não importa o tipo de perda que o cliente está vivendo (de filhos, de trabalho, de partes do corpo, de situação financeira, de parceiros ou de qualquer outra ordem), só após liberar-se do sofrimento paralisador, poderá tomar atitudes ou decisões.

Na Terapia Relacional Sistêmica, trabalha-se a crise em quatro etapas:

- Chorar a dor: é a primeira fase para lidar com a perda. Pressupõe o choro real, bem como todas as outras formas de "chorar" a dor do momento (falar sobre o acontecido, reclamar, blasfemar) e também receber colo, compreensão e aconchego, ficar atento aos sonhos, desejos e fantasias. Só após haver chorado a dor da perda, pode-se entrar em contato com outras emoções, sentimentos e desejos.

- Expressar a raiva: por serem situações de muita impotência, as perdas trazem muitos sentimentos ligados à raiva (incompreensão, não aceitação, solidão, incompetência, responsabilidades) que precisam ser expressos antes de seguir adiante. Por ser a raiva uma das emoções primárias, ela precisa ser literalmente expressa (através de exercícios e movimentos que trazem a raiva para o corpo, e ela pode ser liberada de forma catártica), além de ser expressa verbal e simbolicamente. Só após ter expressado e liberado a raiva, a pessoa pode entrar em contato com a culpa, sem riscos.

- Limpar a culpa: em todas as situações de perdas, os envolvidos vivem sentimentos e sensações de culpa. Mesmo que, racionalmente e conscientemente, o cliente não relate nem demonstre sua vivência de culpa pela situação de perda, é necessário que o terapeuta saiba que, em algum lugar do inconsciente ou do irracional, existe esse sentimento e abra possibilidades de o cliente limpar a culpa, mesmo que não traga à consciência sua existência. A melhor forma de liberar os sentimentos e sensações de culpa é quando se usam rituais terapêuticos (Ver item III. 16), tendo em vista que esses sentimentos, na maioria das vezes, são irracionais e incompreensíveis. Também são úteis outras formas que já fazem parte do referencial do cliente, religiosos ou familiares.

- Refazer projetos: após chorar a dor, expressar a raiva e limpar a culpa, o cliente estará apto a voltar sua atenção para sua vida. Nesse momento, inicia-se o trabalho de definir novos projetos de vida, com as novas situações e a identidade que a perda proporcionou. Muitas vezes, o cliente não quer acompanhamento terapêutico, e o terapeuta deixa de envolver-se nessa fase. Em outros casos, o cliente necessita ou quer a ajuda do terapeuta; então, o processo terapêutico passará a funcionar nos moldes de um trabalho relacional sistêmico focado nas aprendizagens e mudanças.

A qualidade do trabalho em cada uma das etapas direciona e prepara a próxima. O tempo de trabalho em cada etapa depende da intensidade das emoções e do funcionamento do cliente. O terapeuta deverá dar o tempo necessário, mas deve ficar atento para não ser conivente com a procrastinação do cliente.

7. Desenvolvimento de Pertinência para a mudança

Outras linhas de trabalho não precisam avaliar a pertinência para a mudança, pois o foco do seu trabalho é outro. Para a Terapia Relacional Sistêmica é a primeira avaliação, pois o foco é na mudança.

A. Definição

Pertinência significa disponibilidade para a mudança; é a possibilidade de mudar; é "estar pronto" para o trabalho de mudança; é a prontidão para mudar.

B. Avaliação da pertinência

a. Através da avaliação dos 6 vetores:

- **Pertenência**
  Pertencimento ao sistema atendido, envolvimento com a tarefa; é a identidade do sujeito com a tarefa; responsabilidade e pertencimento com a situação ou problema.

- **Pertinência**
  Se é pertinente, viável aquele trabalho; é possibilidade de centrar-se na tarefa; se está disponível para o processo.

- **Cooperação**
  Qual é o nível de disponibilidade e responsabilidade com a mudança; é o grau de envolvimento real que o sujeito tem na tarefa.

- **Aprendizagem**

  Qual a condição e a disponibilidade para aprender com as experiências; o que já fez para tentar "resolver a situação"; o que quer aprender e se quer.

- **Comunicação**

  É a capacidade de se fazer entender pelo outro e conseguir entender o que lhe é dito pelo outro; qual o padrão de comunicação, que falhas ou habilidades tem.

- **Tele**

  A possibilidade da pessoa se mostrar como é e perceber o outro como ele é; quais dificuldades tem na relação com as pessoas; quais depositações faz.

b. Através da sequência das regras básicas:

- **Encaminhador**

  Dependendo do encaminhador o cliente já virá com a pertinência desenvolvida.

  Treinar os encaminhadores para desenvolverem a pertinência ao fazerem o encaminhamento.

- **Pedido**

  As explicações, prolixidades, justificativas, já mostrarão o grau de pertinência para a mudança.

- **Primeiro telefonema**

  O terapeuta pode fazer perguntas que mostrem o grau de pertinência do cliente para a mudança.

- **Na primeira sessão**

  O terapeuta irá para a primeira sessão com uma leitura do nível de pertinência do cliente e/ou com hipóteses sobre isso.

  Nesse primeiro encontro é importante que isso seja avaliado, pois a maior ou menor pertinência para a mudança definirá o tipo de trabalho que será realizado.

- **Nas avaliações periódicas**

  Em cada etapa, ou quando for indicado o terapeuta irá, além de avaliar o andamento do processo terapêutico, questionar e avaliar a pertinência do cliente, fazendo as alterações necessárias.

C. Trabalho de crise, sessões pontuais ou terapia processual

Essa é uma das definições a serem feitas na primeira sessão, a partir de avaliar a pertinência que o cliente tem.

a. Quando o cliente tem um **nível alto de pertinência**, ou tem consciência do seu funcionamento, ou já realizou as aprendizagens necessárias e necessita ajuda para implementar as mudanças. O trabalho, o contrato, a definição de objetivos e todos os outros passos acontecerão como um **processo terapêutico focando o padrão de funcionamento**.

b. Quando o **nível de pertinência é mediano ou baixo**, a primeira fase do trabalho será de **desenvolvimento da pertinência**; se desenvolver a pertinência passa-se para uma terapia processual. Se não desenvolver, teremos uma terapia com sessões pontuais.

c. Quando o **nível de pertinência é muito baixo**, com ou sem trabalho de desenvolvimento de pertinência, serão indicadas **sessões pontuais**; os objetivos da terapia serão compreendidos em cada uma das sessões. São usadas as estratégias normais, mas o foco é mais na contenção do que no padrão de funcionamento.

d. Quando o cliente passou por uma **perda** e precisa lidar com ela, antes de refazer seus projetos, a indicação é de **terapia de crise** (Ver item III. 6); após esse trabalho, pode se transformar em uma terapia processual.

D. Desenvolver e trabalhar a pertinência

a. Programação

O trabalho será programado de forma a auxiliar o cliente a desenvolver o seu grau pertinência, portanto cada caso terá sua programação própria, e esse é o objetivo do trabalho. Alguns clientes vão melhor com sessões espaçadas e outros vão precisar de sessões semanais; alguns fazem as tarefas e para outros as tarefas não são boa estratégia; alguns reagem bem a aulinhas; outros precisam de supervisão; e assim por diante. Adequação das tarefas e objetivos à Pertinência do cliente

b. Tarefas

As tarefas devem ser adequadas a desenvolver pertinência, portanto não devem ser tarefas que necessitem de muito envolvimento ou mudanças no funcionamento.

Vão bem tarefas "inócuas" ou preparatórias.

c. Avaliação

O terapeuta vai estar o tempo todo avaliando a pertinência, sem excesso de exigência, mas com foco. Quando perceber que aumentou a pertinência, se refaz o contrato e redefine os objetivos da terapia.

E. Postura do Terapeuta

Se o terapeuta não fizer essa avaliação de pertinência e adequar o trabalho terapêutico a ela, ele corre os seguintes riscos:

- Excesso de expectativa com o cliente
- Excesso de expectativa com ele como terapeuta
- Apressar o cliente e não dar tempo para o processo
- Desencadear trabalhos que o cliente ou o terapeuta não tem condições de fazer
- Cobrar desnecessariamente o cliente
- Excesso de auto cobranças como terapeuta

Nas sessões pontuais, o processo a ser acompanhado, é o que acontece em cada sessão. Então o nível de cobrança e foco do terapeuta ficará diluído.

8. O uso de técnicas como estratégia terapêutica

A. Indicação de técnicas

A técnica utilizada como um instrumento mecânico não se presta senão para a manipulação da situação; porém, quando utilizada como uma real necessidade do momento de um indivíduo ou de um grupo, pode se transformar numa obra de arte.

Para que ela seja realmente um instrumento terapêutico, algumas reflexões são necessárias.

B. Quando e por que se usam técnicas

As técnicas psicoterapêuticas só devem ser usadas quando o processo não está acontecendo; quando, por alguma razão, há necessidade de desencadear movimentos novos.

Se o processo terapêutico está se desenvolvendo satisfatoriamente, não há necessidade de lançar mão de novos instrumentos. Um processo que está circulando não precisa de facilitador; nesse caso, não é necessário o uso de técnicas.

Técnica é útil como **facilitador**, e nunca deve ser usada como o ponto central de um processo ou de uma sessão terapêutica.

As técnicas podem oportunizar o exercício e o desenvolvimento de algum item que o cliente está precisando aprender, além de serem utilizadas para treinar novos comportamentos.

Servem, ainda, para trabalhar em diferentes níveis: **real** (coisas concretas: listar, fazer), **simbólico** (representa o real: desenho, figura, jogo, escultura) ou **fantasia** (imaginação, desejo, vontade: projeto de vida).

Na Terapia de Casal[81], além dessas questões gerais, as técnicas têm a função de auxiliar o terapeuta a manter a postura adequada para este tipo de atendimento. Ou seja, ajudá-lo a não polarizar, não tomar partido, não fugir dos princípios sistêmicos básicos e não ficar preso no jogo inconsciente do casal.[82]

Outra questão importante no uso de técnicas é a afinidade que o terapeuta tem com determinada técnica. Essa afinidade depende do terapeuta já ter vivido a técnica como sujeito, da sua experiência com ela e do padrão de funcionamento do próprio terapeuta (Ver item II.3)[83].

---

[81] ROSSET, S. M. *Terapia Relacional Sistêmica*: indivíduo, família, casal e grupo. 2014. p. 87.

[82] WILLI, J. *O conceito de colusão: uma integração entre a proposta sistêmica e psicodinâmica para terapia de casal.* Tradução de Danilo Rosset. Curitiba, 1998. (Tradução do original: Il concetto di collusione: un'integrazione tra approccio sistêmico e psicodinâmico alla terapia di. coppia. *Terapia Familiare. Rivista interdisciplinare di ricerca ed intervento relazionale*, Roma, n. 23, 27-39, mar. 1987.)

[83] ROSSET, S. M. Padrão de interação do sistema terapêutico. In: *Congresso Internacional de Terapia Familiar da IFTA*, 13, Porto Alegre, 2001.

Da mesma forma, é importante adequar a escolha da técnica ao objetivo do momento. Uma técnica inadequada ao que se deseja atingir será uma perda de tempo e energia.

A forma como se propõe o trabalho e todos os cuidados táticos definem o bom ou mau resultado.

C. Definição do objetivo da técnica

A técnica deve estar sempre alinhada com o objetivo a ser trabalhado naquele momento do processo; portanto, mais importante do que conhecer o objetivo parcial da técnica é saber para onde estão caminhando e o que pretendem atingir com o cliente. Se o terapeuta souber o que está fazendo com o seu cliente, terá clareza ao definir o objetivo da técnica específica que irá usar. Dessa forma, poderá adaptar técnicas e criar outras de forma coerente.

D. Adequação da técnica ao objetivo e ao momento

Na escolha da técnica, alguns aspectos teóricos e clínicos devem ser observados. Estas questões são específicas da postura básica da Terapia Relacional Sistêmica, mas são úteis a todos os terapeutas que trabalham com terapia focada na ação, na mudança e na aprendizagem.

a. Contextos

Segundo a Teoria Psicodramática, ao trabalharmos numa sessão, precisamos levar em consideração o tipo de material com o qual estamos lidando. Esse material pode ser de três tipos[84]:

- Ligado ao **contexto social** – corresponde ao espaço extra sessão, à chamada "realidade social"; é regido por leis e normas sociais que impõem determinadas condutas e compromissos ao indivíduo que o integra; é do qual provém o material trazido pelos clientes para a sessão;
- Ligado ao **contexto grupal** – é constituído pelo sistema terapêutico; acha-se formado por todos os integrantes, tanto cientes

---

[84] Conceitos psicodramáticos adaptados à leitura relacional sistêmica.

como terapeutas, suas interações e o produto das mesmas, isto é, seus costumes, normas e leis particulares; é sempre particular a cada sistema terapêutico;
- Ligado ao **contexto da sessão** – são as cenas trabalhadas pelos clientes e pelo terapeuta na sessão; é o recorte que eles dão aos fatos e situações; é a construção dos dados que eles reorganizam.

Da mesma forma, ao escolher a técnica, deve-se levar em consideração o contexto ao qual se liga o material que está sendo trabalhado, além de ter claro em que contexto se pretende desenvolver mudanças, tomada de consciência e aprendizagens.

b. Etapas da técnica

Ao escolher uma técnica, deve-se organizar o material levando-se em conta alguns aspectos indicados a seguir:

- **Aquecimento para a técnica** – é um conjunto de procedimentos que intervêm na preparação do cliente, para que ele se encontre em ótimas condições para a ação. Engloba a coerência entre o assunto que está sendo trabalhado e a técnica que será usada, a forma como se propõe o trabalho, o uso de palavras e consignas adequadas para motivar o cliente e conseguir sua cooperação e disponibilidade.
- **Desenvolvimento da técnica** – é a técnica em si, desenvolvida com o material técnico pertinente, o espaço e o tempo que forem necessários.
- **Fechamento da técnica** – engloba o relato que os clientes fazem, os comentários do terapeuta, as avaliações das situações envolvidas e os encadeamentos de questões, novas tarefas, novos movimentos que sejam pertinentes.

c. Áreas de funcionamento

O ser humano tem três áreas de funcionamento: área mente, área corpo e área ambiente[85].

---

[85] PICHON-RIVIÈRE, E. *Teoria do vínculo.* São Paulo: Martins Fontes, 1995.

- Área mente – é responsável pela produção racional, lógica; engloba o que a pessoa pensa, fantasia, imagina.
- Área corpo – engloba todas as questões ligadas às sensações, emoções e energia do indivíduo.
- Área ambiente – está ligada às ações da pessoa, ao seu movimento e a suas relações no espaço externo a si.

As pessoas, de acordo com seus padrões, têm maior ou menor facilidade de atuação, consciência e integração nessas áreas.

Ao definir uma técnica, é importante ter clareza de quais dessas áreas a técnica vai privilegiar, vai desenvolver, além de ter clareza do funcionamento do cliente, ou seja, quais são as áreas fortes, as fracas, qual é o nível de integração ou de invasão entre as áreas.

E. Cuidados necessários

a. Com o padrão de funcionamento

O terapeuta precisa estar atento à forma como a técnica é realizada, ao conteúdo que surge a partir dela e, principalmente, ao padrão de funcionamento do cliente. Evitar utilizar uma técnica se houver alguma dúvida de que pode estar sendo usada de modo a ser conivente com o padrão disfuncional do cliente.

Estar atento ao risco de o cliente enxergar a técnica como "magica". Não se deve usar técnicas que gere esta confusão, quando o cliente precisa treinar, aprender e conscientizar-se do seu padrão de funcionamento.

b. Com a consigna

Uma boa consigna deve ser clara. Deve-se cuidar com as palavras utilizadas, conforme o que se pretende atingir. Qualquer coisa pode ser utilizada como técnica; basta ter o objetivo claro e transformar, ousar, criar e adaptar.

c. Com o tempo

O tempo, principalmente no caso de técnicas irracionais, deve ser determinado conforme a situação, o tempo interno do cliente e o objetivo da técnica.

d. Com o terapeuta

O terapeuta precisa sentir-se à vontade com as técnicas que utiliza. Ele deve ter um arsenal de técnicas, em cuja aplicação sinta-se bem. Se ele já se submeteu a determinada técnica, certamente estará mais familiarizado com ela.

e. Com o espaço

O espaço define a forma e o uso da técnica. A maioria das técnicas pode ser adaptada ao espaço que se tem disponível; no entanto, algumas técnicas serão prejudicadas se o espaço não for adequado.

f. Com julgamentos e interpretações

O terapeuta não deve julgar ou interpretar o material ou conteúdo que surgir a partir de uma técnica. Julgamentos, interpretações, racionalizações podem desqualificar e enfraquecer o objetivo.

O que aparece no trabalho com as técnicas é o padrão de funcionamento do cliente, é um mapa que norteará o caminho a seguir. Ao não fazer julgamentos ou interpretações, o terapeuta fica mais disponível para enxergar o padrão.

9. Auto-supervisão

No treino de ser terapeuta relacional sistêmico, o mais importante é aprender a fazer *auto-supervisão*. Não importa o tempo de prática e a habilidade que o terapeuta tenha, é a auto-supervisão que vai aprimorar e manter a qualidade dos atendimentos.

Um aspecto muito importante com relação a auto-supervisão é não a confundir com auto avaliação. Na autoavaliação, o foco é enxergar se fez certo ou se fez errado; assim, aumenta a crítica desnecessária, e fortalece o pensamento linear. Na auto-supervisão o foco é enxergar o que fez e instrumentar-se para fazer diferente da próxima vez.

- **Auto-supervisão após o atendimento**: deve acontecer imediatamente após cada um dos atendimentos; com a prática, o terapeuta só necessitará de poucos minutos para isso. As perguntas a serem feitas variam de acordo com o funcionamento de cada terapeuta, mas devem incluir os itens citados a seguir. Como foi a sessão? Fiquei satisfeito? Fiz algo que não deveria/precisaria ter feito? Foi útil para o cliente? Se não, o que eu poderia ter feito? O que posso fazer no próximo encontro? (Ver item III. 8. A).

- **Auto-supervisão no intervalo das sessões:** se os minutos de reflexão pós sessão não trouxerem respostas tranquilizadoras, um tempo antes da próxima sessão, o terapeuta deverá voltar a fazer as mesmas perguntas (Ver item III. 8. B). Deve também pesquisar, estudar e refletir. Caso não fique satisfeito com as respostas, deverá procurar o auxílio de um colega para que faça outras perguntas e coloque outros pontos de vista. Se continuar com dúvidas, deve levá-las a um supervisor com mais prática e distanciamento.

- **Auto-supervisão antes do atendimento:** ao preparar a sessão, o terapeuta juntará todos os dados da sessão anterior, das auto-supervisões e dos encaminhamentos que tenha realizado, tomando providências para usá-las no atendimento.

Para facilitar o treino de auto-supervisão, simplifico o processo, seguindo as perguntas e reflexões divididas em primeiro nível e segundo nível.

A. Auto-supervisão de primeiro nível

Objetivo: Desenvolver a autonomia do terapeuta lhe dando instrumentos para ampliar a consciência qualitativa e técnica do seu trabalho.

Quando: Imediatamente após o acontecimento

Para que: Perceber seus sentimentos e impressões sobre o acontecido, e desta forma definir caminhos para aprimorar.

a. Fazer perguntas sobre as ações, as posturas e encaminhamentos da sessão:

Gostei?

- Sim ➔ o que mais eu poderia ter feito?
- Não ➔ o que eu fiz?
  - ➔ o que eu poderia ter feito?
  - ➔ como posso me instrumentar para fazer diferente   ?

b. Agendar o que for necessário para se instrumentar
- rever a situação
- supervisão
- estudo
- preparação/programação
- terapia

c. Reorganizar o que for necessário
- Postura
- Redefinições
- Recontratos
- Material e contexto

B. Auto-supervisão de segundo nível

(É um trabalho coerente com as propostas relacionais sistêmicas (Ver item III. 1).

Objetivo: Manter o enquadre relacional sistêmico. Com o passar das sessões é comum esquecer as premissas básicas do trabalho relacional sistêmico.

Quando: No intervalo entre as sessões

Para que: Para buscar outros ângulos da situação terapêutica que não foram levados em consideração, ou que mudou a percepção.

Perguntas e reflexões:
- Quem encaminhou?
- Por que encaminhou?
- Para que encaminhou?
- Por que o cliente veio?
- Para que o cliente veio?
- "Para que" o cliente veio? (No padrão de funcionamento do cliente, como ele neutraliza a ação terapêutica e o efeito do terapeuta?)

10. O Processo do Terapeuta

- A proposta é o terapeuta treinar e aprimorar suas condições individuais que possibilitam uma boa visão e compreensão das situações (intuição, sensibilidade) para que, juntando **teoria**, técnica e **desenvolvimento pessoal**, possa ser mais hábil na tarefa de avaliar corretamente as situações que lhe são apresentadas.

- O terapeuta é um instrumento de auxílio para os clientes seguirem no seu processo de vida. O melhor do terapeuta é aquilo que pode ter ou dar de mais útil para os clientes readquirirem a sua potência de mudança e compreensão. Para isso, o terapeuta vai usar tudo o que sabe (vivências, leituras, aprendizagens, técnicas, relacionamentos), tudo o que tem disponível (técnicas, encaminhamentos, momentos e situações) para auxiliar os seus clientes a terem cada vez mais consciência da forma como funcionam, a adquirirem cada vez mais controle e responsabilidade sobre seus atos e relações.

- Além de toda técnica, de toda teoria, de toda compreensão, o que realmente faz a diferença e torna um terapeuta eficiente é sua forma de relação com os clientes; é sua possibilidade de ser firme quando a situação exige e, acima de tudo, sua possibilidade de ter compaixão pela dor, pela dificuldade, pela resistência e pelo sofrimento de quem o procura para terapia.

- O terapeuta está estruturado sobre um mapa ou modelo, através do qual percebe, vive, atua nas relações com seus clientes. Seus limites podem ser mais ou menos flexíveis; podem ter maior ou menor capacidade de integrar, adaptar, modificar, ampliar. Também esse sistema se torna estereotipado e necessita ser reavaliado constantemente. Considerando-se que quanto mais aberto esteja a diferentes estilos, maior possibilidade terá de reestruturar o seu próprio, tornando-o mais rico, essa abertura possibilitará encontrar uma maior variedade de caminhos para atingir suas metas, bem como um maior repertório para resolver os problemas que surgem. Portanto, é necessário que o terapeuta abra seus limites para conhecer novas maneiras e também submeta seu trabalho a avaliação e discussão com

outros profissionais da mesma linha (supervisor, colegas etc.) e de outras linhas técnicas e teóricas.
- Apesar da postura do terapeuta relacional sistêmico ser a mesma em todos os tipos de trabalho, algumas peculiaridades aparecem nos atendimentos de casal, família e grupos.
- Algumas características de funcionamento ajudam a trabalhar focando nos padrões de funcionamento e outras atrapalham; e é mais uma das razões da importância do trabalho do terapeuta com seu próprio padrão.

Treinos e Aprendizagens do Terapeuta

Algumas características a serem desenvolvidas no treino de ser terapeuta relacional sistêmico:

- Desenvolver e ater-se ao pensamento sistêmico – pensar sistemicamente precisa de um treino ininterrupto, pois a maioria das pessoas está acostumada, culturalmente e no seio das famílias, a pensar de forma simplista e linear. Pensar e agir sistemicamente no dia a dia ajudam a manter esse funcionamento nos atendimentos. É um treino para todas as situações até que, passa a fazer parte do funcionamento e da leitura das situações.
- Não se prender ao conteúdo – o que o cliente conta é o seu ponto de vista, e o conteúdo que ele nos traz, pode nos envolver, nos seduzir, nos assustar e dessa forma ficamos cegos a novos ângulos, novas leituras. A dificuldade em enxergar o padrão é diretamente proporcional ao encantamento pela "historinha"; o conteúdo cega e encanta, e impede de enxergar o padrão
- O terapeuta que desejar trabalhar com padrões de funcionamento precisa, primeiramente, desencantar-se com o conteúdo e o enredo das histórias relatadas na sessão: é necessário que ele acredite que o padrão aparece na forma, e não no conteúdo. Ouvir o que lhe é contado, mapeando o funcionamento do cliente ajuda a não ficar aprisionado no conteúdo.
- Não ter excesso de curiosidade – o envolvimento com o conteúdo desencadeia um apego e uma curiosidade que a cada pergunta curiosa reforça o encadeamento de mais histórias, e,

dependendo do padrão de funcionamento do cliente e do terapeuta, cristalizar num padrão de funcionamento do sistema terapêutico (Ver item III. 10) que qualifica excessivamente o conteúdo e leva o cliente a contar mais histórias do que seria necessário. A curiosidade leva a querer saber os conteúdos, a se preocupar com o porquê das situações.

- Não se prender no porquê e pensar sempre no para quê – Querer saber o porquê das coisas leva a cair no encantamento dos conteúdos e nas justificativas. É necessário que o terapeuta se desapegue do mito de que o importante é saber o porquê e as causas dos sintomas e comportamentos. Só com esse desapego ele conseguirá se exercitar na compreensão de que os eventos são multicausais e que a verdade é relativa. Dessa forma, poderá se aventurar por explicações cada vez mais complexas dos inúmeros desencadeantes e das razões para eles. Ter a preocupação com o porquê atrapalha o trabalho sistêmico. O **porquê** importa pouco; importa o **como** algo acontece, **para quê** isso acontece. Focar no **porquê** leva ao passado, à explicação, à simplificação linear, e à criação de álibis disfuncionais. Focar no **para quê** direciona ao presente e ao futuro, à mudança, à complexidade e à escolha, ao projeto, ao objetivo, e à responsabilidade.

- Ele precisa também aceitar que um mesmo comportamento, fato ou sintoma pode ser funcional ou disfuncional, dependendo do contexto de tempo e espaço em que ocorre e do sistema que o desenvolve.

- Saber que um padrão não é bom nem ruim, ele simplesmente é, existe, é um fator primordial para o terapeuta poder acompanhar seus clientes no trabalho com padrões de funcionamento sem juízos de valores, sem predefinições, sem desejos que o cliente faça o que parece mais correto para o terapeuta

- Um dos itens importantes da postura terapêutica é o desenvolvimento da compaixão por dificuldades, defesas, resistências e limites do cliente. Compaixão é mais que compreensão, paciência, respeito. É abrir, realmente, seu coração para a dor, a dificuldade, a impossibilidade do outro.

- Compreender, aceitar e lidar com as recaídas do cliente são outros aspectos difíceis do trabalho sistêmico. Se o terapeuta se assustar, desacreditar de si ou do cliente quando este recair, abrirá um buraco negro entre o que ele diz e o que acredita ou teme, perdendo a possibilidade de fazer uso terapêutico desse episódio. Acima da técnica e da teoria, o terapeuta tem que ter fé e crença nas suas propostas terapêuticas.

- O terapeuta precisa sentir-se à vontade com as técnicas que utiliza. Ele deve ter um arsenal de técnicas, em cuja aplicação sinta-se bem.
- Uma condição fundamental para um terapeuta realizar uma boa avaliação é que saiba **ver**. Saber **ver** é estar aberto a enxergar aquele indivíduo como uma entidade única; poder vê-lo sem ideias pré-concebidas (do encaminhador, da teoria etc.); poder vê-lo sem transferências pessoais. É indispensável compreender o cliente como alguém que tem um núcleo de saúde (por mais escondido que esteja no momento). Saber **ver** é estar suficientemente junto para poder sentir a pessoa, sua energia, seus tônus emocionais, como também suficientemente longe para poder ouvir e ver todos os sinais que ela emite, desde os mais concretos (corpo, postura) até os mais sutis.

11. Recaídas

Prescrever a recaída ou alertar o cliente para esse risco é estratégia sistêmica muito poderosa. Entretanto, ao usar qualquer uma delas, o terapeuta deve ficar atento ao efeito da prescrição e ao uso que o cliente pode fazer dela. São prescrições fortes, mas perdem totalmente o efeito se forem deixadas soltas.

Explicar a existência e a inevitabilidade das recaídas é uma forma que só será adequadamente usada se for monitorada para tornar o cliente cada vez mais consciente e responsável por seu processo.

Conhecer a teoria das recaídas auxilia os clientes e terapeutas a lidarem com a situação paradoxal das melhoras e das pioras dentro do processo terapêutico. Essa compreensão de recaídas é uma forma simples e concreta, usada para inserir a noção de recaídas durante o processo e a proposta de desenvolvimento da capacidade do cliente em gerir seus próprios controles de recaídas.

Essa teorização explica que as recaídas são: inevitáveis, desejáveis, administráveis, preveníveis (passíveis de serem descobertas com antecedência e evitadas).

- São **inevitáveis** porque a natureza, a vida, é pulsátil, abre-fecha, começa-termina, sobe-desce, contrai-expande. É um movimento inevitável. Sempre vai haver uma recaída, uma volta ao estágio anterior nas aprendizagens, nos sintomas, nos controles, em tudo.
- São **desejáveis** porque, através das recaídas, é possível avaliar o processo e os progressos. Ajudam a enxergar o que já está consolidado e o que merece mais cuidado, mais treino, mais esforço.
- São **administráveis** porque é possível lidar de forma funcional com elas. As formas de administrar as recaídas são:
  - Saber dessa teorização;
  - Ao perceber-se em recaída, olhar para frente (ver o caminho que se tem para fazer, o processo) e para cima (como algo do processo, um item que faz parte, que é da evolução);
  - Evitar olhar para trás (como se tivesse voltado ao começo, uma regressão sem saída) e para baixo (ver como incapacidade, incompetência, má vontade, sem saída).
- São "**preveníveis**" porque, após tomar consciência dos comportamentos e dos padrões que desencadeiam as recaídas e treinar administrá-las, os sinais vão sendo percebidos. Conforme se identificam os sinais, mudam-se coisas e situações de forma a evitar ou retardar a recaída.

Quando o terapeuta tem essa compreensão das recaídas, ele vai estar atento ao processo do cliente, sabendo que não é um processo linear, nem só "para cima". Vai poder auxiliar o cliente explicando como funcionam as recaídas, apontando os sinais dela, e cuidando para que as recaídas façam parte do processo terapêutico.

Assim, fica mais leve e contínuo.

12. Padrão de Funcionamento do sistema terapêutico

- O aspecto relacional (o terapeuta *ser* uma possibilidade de *relação terapêutica* para seu cliente) dá uma conotação muito importante ao padrão de relação e ao funcionamento do sistema terapêutico.

- Sabe-se, quando se pensa sistemicamente, que, quando duas pessoas se ligam, formam um sistema novo, com todos os itens da formação e do funcionamento de sistemas.

- Quando o cliente chega, então, forma-se um sistema, chamado de sistema terapêutico. Nesse momento, define-se uma série de funcionamentos desse sistema, e é responsabilidade do terapeuta direcionar e definir alguns desses funcionamentos, sempre focando no que seja útil para o cliente experienciar, e no que ele necessita aprender relacionalmente.

- Também com esse objetivo de auxiliar o cliente (a enxergar seu próprio padrão de funcionamento, realizar aprendizagens, desencadear mudanças), o terapeuta irá conter ou atuar aspectos do seu próprio funcionamento. Portanto, quanto mais o terapeuta tiver consciência do seu próprio padrão de funcionamento, mais hábil estará para assim atuar.

- O foco na importância da relação terapêutica dá-se pela questão relacional desse enfoque. Acredita-se que a relação que o terapeuta desenvolve com seu cliente deve ser um instrumento terapêutico, no sentido de poder desencadear experiências transformadoras. Ao posicionar-se e relacionar-se de determinada forma, o terapeuta estará atento à utilidade para o processo terapêutico do seu cliente.

- Acima de tudo, a relação que se estabelece deve ser terapêutica para o cliente. Essa é responsabilidade e tarefa do terapeuta. A interação do sistema terapêutico (terapeuta *versus* cliente) deve acrescentar funcionalidade ao padrão da família ou do indivíduo. Toda ação relacional do terapeuta, dentro ou fora da sessão, deve passar pelo crivo de avaliação para saber o que será útil para a aprendizagem do cliente.

- O cliente vem para a terapia com suas compulsões relacionais, seus álibis relacionais, sua forma de funcionar, além das suas dificuldades e queixas. Independente do quanto de consciência que tem. É tarefa do terapeuta conter ou acionar aspectos do seu próprio padrão de funcionamento, de forma que sejam uteis para as experiências e aprendizagens que o cliente precisaria ter.

13. Mudança

O foco final do processo terapêutico é a mudança. Mais do que apoio, contensão, compreensão ou *insights*, o que se busca é a mudança do padrão de funcionamento que está disfuncional ou sintomático.

Alguns tópicos tratados no livro[86] podem ajudar a compreender as questões relacionados às mudanças.

A. Mudança e persistência

São partes contrárias e contraditórias de um mesmo todo. São complementares desde o oposto. A existência de uma define a outra. Os problemas nascem da interdependência circular entre Persistência e Mudança, dentro do contexto das interações.

B. Dificuldade e problema

Dificuldade existe por um estado de coisas indesejáveis. A solução acontece ao se tomar medidas de bom senso (Mudança de 1ª ordem) ou quando não há solução conhecida (Mudança de 2º ordem).

Problemas surgem ligados aos impasses, becos sem saída, confusões criadas e mantidas quando não se leva em conta o contexto ou pelas soluções inadequadas dadas as dificuldades.

C. A arte de reformular para desencadear a mudança

- Pedido do cliente é sempre paradoxal.
- Reformular é mudar de perspectiva; é mudar o significado atribuído à situação.
- Reformulação eficaz leva em conta pontos de vista (daquele cujos problemas devem ser mudado) expectativas, razoes, premissas.
- Pressupõe que o terapeuta aprenda a linguagem do cliente.

---

86 WATZLAWICK, P.; WEAKLAND, J.; FISCH, R. *Mudança*: princípios de formação e resolução de problemas. São Paulo: Ed. Cultrix, 1987.

- Não se promove insight mas joga-se um jogo diferente.
- Novo ponto de vista traz perplexidade e confusão e assim a possibilidade de saída do estereótipo.
- Motivar o cliente usando sua própria linguagem.
- Fracasso: incapacidade do terapeuta em expor a intervenção em "linguagem" significativa para o cliente

D. Prática da mudança

1) Clara definição do problema em termos concretos.
2) Investigação das soluções já experimentadas.
3) Clara definição da mudança concreta a ser produzida.
4) A formulação e implementação de um plano para produzir essa mudança.

E. Jogo do sem fim

Características:

- Não pode gerar em seu próprio sistema interno, as condições necessárias às mudanças.
- Não pode produzir leis que regulam a mudança das suas próprias leis.
- Não tem a regra para encerrar o "jogo".
- Para encerrar teria que sair do sistema e metacomunicar, ou sair do sistema e criar a regra do encerramento e negociar o acordo.

F. Processo de mudança

Esta é uma forma de acompanhar os processos de mudança, e entender que são passos sequenciais que acontecerão em cada uma das mudanças pretendidas.

1. Saber que é seu – enquanto o foco for no outro ou nos problemas o indivíduo não está preparado para fazer as mudanças necessárias para resolver suas questões difíceis. Quando a pessoa enxerga e assume que a questão é sua, independente do que os outros fazem ou das condições externas, ele começa o processo de mudança.

2. **Ter o desejo**[87] **de mudar** – desejar mudar traz a energia necessária para iniciar o processo da mudança; sem ele fica impossível ter pertinência e envolvimento com o processo.

3. **Ter a vontade★ de mudar** – mas só ter o desejo não desencadeia o processo; a vontade de mudar é um passo adiante do desejo, é a preparação para a ação da mudança.

4. **Treinar, treinar, treinar ...** – sem crítica ou exigência, mas sabendo que só a repetição dos aspectos a serem mudados mostrará novos caminhos, novas necessidades e novas aprendizagens.

5. **Passar para o automático** – na repetição, no treino dos novos comportamentos, alguns aspectos começam a ficar encadeados, a serem automáticos, e assim gastam menos energia e auxiliam as novas mudanças e aprendizagens.

6. **Administrar recaídas** (Ver item III. 4) – se não compreendermos que as recaídas fazem parte do processo de mudança, corremos o risco de desqualificar as aprendizagens, perder a esperança, cair na sensação de que nada aconteceu de verdade.

G. Mudança de primeira e de segunda ordens

Mudança de primeira ordem: é uma mudança gerada pelo bom senso, pela compreensão; ocorrem mudanças de estratégia, da forma de lidar com a situação.

Mudança de segunda ordem: é uma mudança nas regras do sistema; no deixar de fazer o que fazia na situação. Muda a estrutura do comportamento e da situação.

14. Paralelo do controle de esfíncter

O paralelo entre o *Processo de Controle de Esfíncter* e o *Processo de Desenvolvimento Emocional* foi surgindo durante os anos de trabalho e comprovações; se organizando e se expandindo para as mais variadas

---

[87] As palavras "desejo" e "vontade" foram escolhidas para diferenciar as duas etapas. O mais importante não são as palavras, mas, sim, compreender a diferença e a importância das duas situações.

áreas, tais como o Processo de Aprendizagem, o Processo de Controle das Compulsões, a Avaliação de Pertinência para a Mudança.

A base é a compreensão do processo de Controle do Esfíncter, de uma forma simplificada, e de fácil compreensão:

1) O bebê inicialmente, tem somente a sensação de algo desagradável. Não sabe onde, nem o que, nem se é dentro ou fora. *Algo está ruim.*

2) Na segunda fase, ele percebe ONDE tem alguma coisa desprazerosa. Percebe que o lugar que gera desprazer é entre as pernas, no bumbum, por ali.

3) Na fase seguinte, ele vai perceber O QUE É. Percebe que é xixi, cocô, molhado, grudento, etc. Tem a percepção de o que é, além de onde.

Muito tempo se passa, muita coisa acontece – fisicamente, neurologicamente, esqueleticamente, estruturalmente, emocionalmente, relacionalmente – para que a criança amadureça e possa atingir a quarta etapa.

4) Então chega a fase mais importante para poder, de fato, **iniciar** o processo de controle dos seus esfíncteres. Ele percebe que SAI DELE.

Se uma criança não perceber que é dela que sai, que o processo é seu – por razões neurológicas, mentais, emocionais –, ela não terá condições de controlar seus esfíncteres. Mas, ao perceber isso, ela está apta a iniciar o **processo**, que ainda é longo e depende de muitos fatores – alguns físicos e fisiológicas e muitos emocionais e relacionais.

5) Ele percebe que **acabou de fazer**. É um pouco frustrante, mas é muito instigante. É a confirmação da sua competência e potência. Se for realizado de forma tranquila, rapidamente passa para a próxima fase.

6) Ele percebe que **está fazendo**. É muito desorganizante, pois a criança se percebe no meio do ato e sem condições de parar. Se for punido nesse momento pode ficar preso nessa vivência de incapacidade e raiva. Se for acompanhado amorosamente, irá para a próxima fase.

7) Ele percebe que **vai fazer e faz**! Esta é uma fase que não tem muito a ver com as figuras externas, é uma fase de frustração interna, de sensação de incapacidade de ter controle. Se nas fases anteriores teve um ambiente emocionalmente calmo isto pode ter sido introjetado e ajudar nesta fase. Se as fases anteriores foram vividas com muita ansiedade e cobrança, isso pode dificultar a passagem por esta fase.

8) Ele percebe que **vai fazer e decide!** – Decide se vai segurar, se vai fazer nas calças, se vai ao banheiro, como vai fazer.

Aqui, o processo de controle de esfíncteres está completo. É um longo processo – tanto na quantidade de aprendizagens, quanto na quantidade de amadurecimentos e no tempo necessário.

O paralelo entre o controle de esfíncteres se estrutura da seguinte forma:

A. No processo de desenvolvimento

1) O bebê inicialmente, tem somente a sensação de algo desagradável. Não sabe onde, nem o que, nem se é dentro ou fora. ALGO ESTÁ RUIM.	1) O bebê **sente** o que está acontecendo nas relações e no espaço emocional e energético que está inserida. Se este espaço for razoavelmente funcional, ele aprende a fazer estes registros e a discriminá-los (o que é dele, o que é dos outros, o que é de dentro o que é de fora) e assim se prepara para passar para a próxima fase. Esta etapa de desenvolvimento é basicamente focada na mãe.
2) Na segunda fase, ele percebe ONDE tem alguma coisa desprazerosa.	2) A criança pequena vai descobrindo, através das relações com os outros familiares, que se sente bem ou mal, que é prazeroso ou não cada uma dessas relações. Se o ambiente for razoavelmente funcional a criança vai se sentindo à vontade para experimentar as várias possibilidades relacionais (rejeitar, ser rejeitada, pertencer, defender-se) sem se sentir mal.

3) Na fase seguinte, ele vai perceber O QUE É. Tem a percepção de o que e como, além de onde.	3) Por ter realizado as aprendizagens e vivências das etapas anteriores sem excessivas ansiedades, a criança pode, nesta fase, se interiorizar e perceber seus sentimentos, discriminando-os, identificando-os e nominando-os.
4) Ele percebe que SAI DELE.	4) Assim, chega à sua fase de integração com relativa consciência dos seus sentimentos, das suas relações e das suas sensações. Assim estará pronto para poder iniciar seu processo de amadurecimento, desenvolvendo responsabilidade e autonomia.
5) Ela percebe que **acabou de fazer**.	5) Ao se perceber repetindo atos desnecessários ou disfuncionais, não gosta mas não se aniquila, se responsabiliza mas não se culpa, continua na tarefa de auto consciência e autocontrole.
6) Ela percebe que **está fazendo**.	6) Ao se perceber fazendo o que não quer fazer, se estrutura para avaliar como desencadeia os fatos e como pode criar instrumentos para evitá-los.
7) Ela percebe que **vai fazer e faz!**.	7) Humildade e autocompaixão ajudam a persistir no processo de autocontrole e autoconsciência.
8) Ela percebe que **vai fazer e decide!**	8) A possibilidade de ESCOLHER é a coroação da autonomia. É o poder ou não fazer, é o responsabilizar-se pela escolha e pelas consequências.

B. Na avaliação da pertinência para a mudança

1) O bebê inicialmente, tem somente a sensação de algo desagradável. Não sabe onde, nem o que, nem se é dentro ou fora. ALGO ESTÁ RUIM.	1) Clientes que chegam ao consultório queixando de sintomas difusos, de sensação de mal-estar, de sintomas com rótulos amplos (depressão, síndrome de pânico), sintomas psicossomáticos, mal-estar geral ou generalizado. Percebe que ALGO ESTÁ FAZENDO SOFRER OU DOENDO.

2) Na segunda fase, ele percebe ONDE tem alguma coisa desprazerosa.	2) Clientes que chegam ao consultório queixando de outras pessoas. Independente dos sentimentos, das questões reais, relacionais ou emocionais, o foco é em uma relação com alguém de fora. Percebe que ALGUEM ESTÁ FAZENDO SOFRER. Sabe EM QUE RELAÇÃO está o sofrimento.
3) Na fase seguinte, ele vai perceber O QUE É. Tem a percepção de o que e como além de onde.	3) Clientes que chegam no consultório sabendo quais são os sentimentos que o estão fazendo sofrer. Não sabem resolver nem sair do sofrimento, mas sabem O QUE O FAZ SOFRER, qual é o sentimento, qual é a dor.
	Até aqui os clientes não estão prontos para processo de mudança de padrão de funcionamento. Até aqui a terapia vai funcionar em sessões pontuais, específicas para cada caso.
4) Ele percebe que SAI DELE.	4) O cliente sabe com maior ou menor consciência o que está acontecendo, em que relações e quais os seus sentimentos, mas a grande diferença é que ele SABE QUE A TAREFA É SUA, O PROCESSO É SEU, A RESPONSABILIDADE É SUA.
	A partir daqui o cliente está em condições, tem pertinência para um processo terapêutico focado na mudança de padrões de funcionamento. Inicia-se então o processo. Com TUDO que envolve um processo de mudança.
5) Ela percebe que **acabou de fazer**.	5) A pessoa **percebe** que **acabou de fazer** o ato que desencadeia a situação indesejada (relacional, interna, compulsiva, dependendo de cada caso, do sintoma).
6) Ela percebe que **está fazendo**.	6) A pessoa **percebe** que **está fazendo** o ato que desencadeia a situação indesejada.
7) Ela percebe que **vai fazer** e faz.	7) A pessoa **percebe** que **vai fazer** o ato que desencadeia a situação indesejada, e **faz**.
8) Ela percebe que **vai fazer** e decide!	8) A pessoa **percebe** que **vai fazer** o ato que desencadeia a situação indesejada e ESCOLHE se vai fazer ou não, de que forma vai fazer, de que forma vai controlar.

C. No processo de aprendizagem

1) O bebê inicialmente, tem somente a sensação de algo desagradável. Não sabe onde, nem o que, nem se é dentro ou fora. ALGO ESTÁ RUIM.	1) As pessoas que não conseguem saber o que está acontecendo, que só tem a sensação de mal-estar, não tem clareza da aprendizagem, portanto não terão as condições necessárias para aquela determinada aprendizagem. Ou A pessoa se propõe a aprender algo, mas não enxerga que é um processo, só enxerga como algo difuso.
2) Na segunda fase, ele percebe ONDE tem alguma coisa desprazerosa.	2) As pessoas que desejam/precisam realizar uma aprendizagem, mas que têm o álibi ou a explicação ou a justificativa de como outras pessoas ou outras situações – reais ou fantasiosas – impedem ou atrapalham essa aprendizagem.
3) Na fase seguinte, ele vai perceber O QUE É. Tem a percepção de o que e como além de onde.	3) Pessoas que desejam/precisam realizar uma aprendizagem, mas que não conseguem por serem inundadas por determinados sentimentos que as impedem.
	Até aqui as pessoas não estão prontas para processo de aprendizagens no padrão de funcionamento. Sofrem tentando aprender, mudar, mas o que conseguem é muito pouco.
4) Ele percebe que SAI DELE.	4) A pessoa sabe, com maior ou menor consciência o que está acontecendo, em que relações e quais os seus sentimentos, e as aprendizagens que quer, deseja, precisa, pode fazer. A diferença é que ele SABE QUE A TAREFA É SUA, O PROCESSO É SEU, A RESPONSABILIDADE É SUA.
	Para que haja aprendizagem, é necessário ter humildade, que vem da consciência de que todo o processo É SEU, a responsabilidade é sua, o caminho é seu. Os próximos passos vão acontecendo paralelos ao desenvolvimento da autoconsciência e autocontrole.
5) Ela percebe que **acabou de fazer**.	5) A pessoa **percebe** que **acabou de agir** sem ter aprendido.

6) Ela percebe que **está fazendo**.	6) A pessoa **percebe** que **está agindo** sem ter aprendido.
7) Ela percebe que **vai fazer e faz**!	7) A pessoa **percebe** que **vai agir** sem a aprendizagem e **age**.
8) Ela percebe que **vai fazer e decide**!	8) A pessoa **percebe** que **vai agir** sem a aprendizagem e ESCOLHE agir ou não, de que forma vai agir, de que forma vai controlar.

D. No processo de controle das compulsões

1) O bebê, inicialmente, tem somente a sensação de algo desagradável. Não sabe onde, nem o que, nem se é dentro ou fora. ALGO ESTÁ RUIM.	1) Pessoas que não conseguem saber o que está acontecendo, que agem na compulsão, sem clareza do que acontece. Sem disposição para controlar a compulsão. Ou A pessoa se propõe a controlar, mas não enxerga que é um processo, só enxerga como algo difuso.
2) Na segunda fase, ele percebe ONDE tem alguma coisa desprazerosa.	2) As pessoas que desejam/precisam controlar sua compulsão, mas que tem o álibi ou a explicação ou a justificativa de como outras pessoas ou outras situações – reais ou fantasiosas – impedem ou atrapalham.
3) Na fase seguinte, ele vai perceber O QUE É. Tem a percepção de o que e como além de onde.	3) Pessoas que desejam/precisam controlar sua compulsão, mas que não conseguem por serem inundadas por determinados sentimentos que as impedem.
	Até aqui as pessoas não estão prontas para o processo de controle das compulsões. Sofrem tentando fazer, mas o que conseguem é muito pouco.
4) Ele percebe que SAI DELE.	4) A pessoa SABE QUE tem uma compulsão que é mais forte que seu desejo de fazer diferente, que a solução depende do SEU PRÓPRIO ESFORÇO, que a ajuda externa só é coadjuvante. Que a TAREFA É SUA, O PROCESSO É SEU, A RESPONSABILIDADE É SUA.

	Entender que é um PROCESSO COM IDAS E VINDAS ajuda a ter ESPERANÇA e AUTOCOMPAIXÃO
	Os próximos passos vão acontecendo paralelos ao desenvolvimento da autoconsciência e autocontrole.
5) Ela percebe que **acabou de fazer**.	5) A pessoa **percebe** que **acabou de cair** na compulsão.
6) Ela percebe que **está fazendo**.	6) A pessoa **percebe** que **está caindo** na compulsão.
7) Ela percebe que **vai fazer e faz!**	7) A pessoa **percebe** que **vai cair** na compulsão e **cai**.
8) Ela percebe que **vai fazer e decide!**	8) A pessoa **percebe** que **vai cair** na compulsão e **ESCOLHE** agir ou não, de que forma vai agir, de que forma vai controlar.

Uso essa compreensão a mais de duas décadas, e tem se mostrado muito útil para que eu compreenda o processo do meu cliente, mas também tem sido extremamente útil, quando o cliente está no processo, e eu explico esse paralelo; os clientes passam a ser seu próprio terapeuta, acompanhando e compreendendo o que está acontecendo com ele, e em que momento do processo ele está.

É um paralelo simples, mas que, ao ser usado nas situações reais, dá tranquilidade para o terapeuta acompanhar o cliente, sem forçar que faça o que ainda não está preparado para fazer, mas sabendo para onde podem ir.

Estava terminando de escrever este capítulo quando, acompanhando as vicissitudes do processo de uma cliente, ela me falou de uma poesia que servia de metáfora para o processo de autocontrole e mudança. Fiquei encantada, pois mostrava o mesmo processo que eu falava quando usava o paralelo com o controle de esfíncteres[88].

Não poderia deixar de colocar aqui!

---

[88] RINPOCHE, S. *O Livro Tibetano do Viver e do Morrer*. São Paulo: Editora Talento / Palas Athena, 2008.

AUTOBIOGRAFIA EM CINCO CAPÍTULOS

1. Ando pela rua.
Há um buraco fundo na calçada.
Eu caio...
Estou perdido... sem esperança.
Não é culpa minha.
Leva uma eternidade para encontrar a saída.

2. Ando pela mesma rua.
Há um buraco fundo na calçada.
Mas finjo não o ver.
Caio nele de novo.
Não posso acreditar: estou no mesmo lugar.
Mas não é culpa minha.
Ainda assim leva um tempão para sair.

3. Ando pela mesma rua.
Há um buraco fundo na calçada.
Vejo que ele ali está. Ainda assim caio... é um hábito.
Meus olhos se abrem.
Sei onde estou.
É minha culpa.
Saio imediatamente.

4. Ando pela mesma rua.
Há um buraco fundo na calçada.
Dou a volta.

5. Ando por outra rua.

15. Etapas do trabalho clinico

O trabalho terapêutico contém:

- Três etapas básicas da sessão – abertura, desenvolvimento e fechamento;
- Uma etapa de pós sessão;
- Uma etapa de intervalo entre sessões;
- Uma etapa de pré-sessão.

A **abertura** é o momento da sessão no qual terapeuta e cliente retomam as questões que ficaram da sessão anterior, levantam as tarefas realizadas, levantam as questões pertinentes ao momento e ao contexto da sessão e redefinem o trabalho da sessão.

O **desenvolvimento** é a parte maior da sessão, na qual os assuntos são trabalhados. O cliente faz seus relatos, levanta suas questões, e o terapeuta vai acompanhá-lo, fazer marcações, levantar hipóteses e possibilidades. É o momento em que as técnicas são aplicadas, as questões emocionais vêm à tona, e a relação terapêutica vai se estruturando como elemento de terapia.

O **fechamento** é a etapa final da sessão, que engloba uma síntese do que aconteceu, a definição de tarefas para serem realizadas antes do próximo encontro e as definições da próxima sessão.

O **pós-sessão** é o tempo imediatamente após o encontro terapêutico, no qual os reflexos e as reflexões da sessão ainda estão muito vívidos. Essa é a fase para técnicas que reforçam o que foi visto na sessão. Para o cliente, significa ficar atento aos sentimentos, às pequenas mudanças e às ressonâncias que ocorrem ainda na ligação com o que foi trabalhado na sessão.

Para o terapeuta, é o momento da auto-supervisão de primeiro nível (Ver item III. 7). no qual ele vai rever o que aconteceu na sessão, como se sentiu, que efeitos surgiram, como percebeu o envolvimento do cliente. Vai também levantar hipóteses sobre quais outras coisas poderia ter feito, quais outros efeitos poderia ter desencadeado. Se algo ficou insatisfatório, como poderia corrigir, como poderia melhorar os efeitos das interferências ou propostas. Por fim, fazer uma hipótese de propostas e atividades para a próxima sessão.

O **intervalo entre sessões** é o tempo em que o cliente fica sem o contato direto com o terapeuta e integra o material da sessão ao seu dia a dia, à sua vida de relações e compromissos. É o tempo para realizar as tarefas, treinar as aprendizagens e os novos comportamentos, ficar atento às dificuldades, recaídas e desistências. Uma das possibilidades atualmente usadas é o uso de contatos por e-mail se forem pertinentes. Podem ser relatórios de tarefas, pedidos de esclarecimentos ou qualquer outro assunto que seja coerente com o que se está trabalhando e com as aprendizagens que estão se desenvolvendo. O terapeuta abre a hipótese de contato entre sessões ou não, dependendo do Padrão de Funcionamento do cliente e da utilidade ou não para o momento.

Para o terapeuta é o tempo de realizar as tarefas definidas para o nível II da auto-supervisão (Ver item III. 7).

A **pré-sessão** é a fase que antecede a volta, o contato com o terapeuta, na qual o cliente organiza sua vivência externa para programar o que levará para sua sessão de terapia. As tarefas para essa fase são aquelas que preparam para o encadeamento dos assuntos e das questões e já são um aquecimento, e um início, da próxima sessão.

Para o terapeuta, é a fase de programar a próxima sessão, levando em conta todos os itens: padrão de funcionamento do cliente; padrão de funcionamento do sistema terapêutico; material da sessão; auto-supervisão; aprendizagens da fase de terapia; entre outros.

16. Instrumentação do tempo

Uma das funções da terapia é a de instigar processos de transformação. A instrumentação do tempo ajuda nessa tarefa na medida em que o terapeuta pode usar todas as possibilidades temporais para desencadear situações, promover mudanças, acompanhar processos, de acordo com dificuldades e questões específicas de cada cliente.

O tempo pode ser usado de várias formas na situação terapêutica. Entre elas, estão:

- Instrumentando os minutos que o cliente passa na sessão como um tempo especial, de novas aprendizagens, de novos relatos e novos treinos; como uma saída da rotina e dos comportamentos compulsivos, possibilitando uma desaceleração do tempo real, mas com bom uso de todos os minutos ali passados;

- Usando os intervalos como um tempo ótimo para "digerir" a bagagem da sessão e fazer os movimentos que deveriam ser feitos. Digerir o que foi feito na sessão porque a sessão passou a ser densa, intensa. O terapeuta mexe muito, levanta muita coisa. Então, o cliente precisa de mais tempo para digerir.
- Se acontecerem sessões muito próximas e intensas, o cliente pode adoecer, pois fica sobrecarregado, pode acontecer que ele esqueça e falte à sessão ou podem acontecer coisas que o levem a não vir à sessão antes de estar pronto;
- Usando os intervalos para reforçar o objetivo terapêutico do momento. Definindo o intervalo da sessão pelo impacto da sessão anterior (se desorganizante, se continente, se mobilizador, se organizador) e relacionando ao tipo da tarefa (se precisa de tempo ou não, se tem data para ser realizada ou está na escolha do cliente) e ao movimento do cliente (como funciona nas questões de tempo). Em função disso, o terapeuta irá escolher:
  - Se as sessões terão datas e intervalos pré-definidos,
  - Se haverá uma delimitação de número de sessões ou prazo para encerrar a terapia,
  - Se em cada sessão serão definidos o intervalo e a data do próximo encontro,
  - Se caberá ao cliente marcar sua próxima vinda,
  - Se só voltará ao terminar a tarefa, ou,
  - Se terá sessões previamente marcadas com dia e horário predefinidos.
- Organizando tarefas no tempo como um instrumento terapêutico, escolhendo a duração e estruturação das tarefas de forma que sejam especificas para o padrão de funcionamento e para as aprendizagens que cada cliente está desenvolvendo;
- Criando rituais terapêuticos com uso específico do tempo (Ver item III. 15);
- Usando a delimitação do tempo para os seguimentos pós-terapia, adequando-os ao momento e às aprendizagens dos clientes.

Essas definições obedecerão sempre à utilidade que elas terão para que o cliente perceba seu funcionamento, desenvolva as aprendizagens ou se prepare para as mudanças; e sempre passarão pelo crivo do seu padrão de funcionamento.

Abrir a perspectiva temporal ao serviço das metas de modificações propostas possibilita um manejo livre e criativo do tempo compartido.

- A regularidade priva o vínculo terapêutico de altos e baixos, que são úteis para a perspectiva vincular e a operação modificadora.
- A descontinuidade produz um corte nas sequências defensivas, desorganiza e abre a possibilidade de novas aprendizagens.
- A infinitude desacelera o tempo e a finitude acelera e desencadeia altos e baixos.

Em muitos casos de terapia de família – e em alguns casos de terapia de casal – é uma boa estratégia realizar uma sessão depois de um tempo, geralmente 6 meses, após o encerramento da terapia.

A função dessa sessão de seguimento é possibilitar que os clientes coloquem em prática, na vida real e no tempo real, as aprendizagens e mudanças realizadas no tempo da terapia. Serve, também, para "manter" os clientes no clima de terapia, aprendizagens e mudanças.

Essa sessão de seguimento, pode já ficar agendada ao encerrar a terapia, ou terapeuta e clientes podem definir o tempo ou os eventos para fazerem contato e agendarem essa sessão futura.

Outra questão que surge nesse momento é a crença de que o cliente terá "alta" da terapia. Durante o processo terapêutico, o terapeuta irá explicando e mostrando que não existe uma expectativa de "cura" ou mudança final; mas que, a terapia é do cliente, o processo é dele, acontece na sua vida, não é um foco a se alcançar, e sim aprendizagens e mudanças que acontecerão ininterruptamente, estando em terapia ou só estando na vida.

17. Tarefas

A sessão é mobilizadora, mas quem precisa trabalhar é o cliente. Então, com a tarefa, o foco da terapia passa não para a sessão ou para a atuação do terapeuta, mas para o trabalho que o cliente vai fazer. As tarefas têm a função de passar o processo para a mão do cliente e de esticar a sessão terapêutica lá para fora, para a vida.

As tarefas servem também para:

- Não criar dependências do terapeuta e da sessão;
- Que o cliente assuma sua responsabilidade;
- Reforçar o comportamento independente do cliente
- Implementar na prática o que aprendeu na sessão;
- Manter as sessões vivas durante o intervalo;
- Promover transferência para a vida diária dos avanços ocorridos na sessão;
- Colocar a família na direção de um envolvimento ativo entre os membros;
- Testar a motivação (pertinência) para a mudança;
- Treinar novos comportamentos e reações;
- Transformar insights em ação;
- Levar a mudança para a prática;
- Enxergar as dificuldades reais;
- Aumentar a motivação para a mudança, dando algo especifico para fazer;
- Descobrir algo novo, reações novas para os automatismos;
- Enxergar novas hipóteses de funcionamento nas situações já conhecidas;
- Responsabilizar o cliente pelo processo.

Sugerir uma atividade ou tarefa é diferente de prescrevê-la. A prescrição de uma tarefa pressupõe um objetivo claro e uma razão dentro do que está sendo trabalhado naquele momento. A tarefa será checada, e o cliente terá a responsabilidade de realizá-la ou lidar com a situação de sua falta.

Sugerir algo é útil em algumas situações, mas não tem peso de seguimento de sessão. É algo que entra na vida do cliente da mesma forma que dicas, orientações ou sugestões ocorrem em outros espaços da sua vida. Ao sugerir uma atividade, não se define obrigatoriedade nem muita importância à execução, mas sim à compreensão da importância do ato. Mais importante do que fazê-la é saber que ela existe e é coerente.

A decisão e a responsabilidade de executá-la dependem da escolha do cliente e das circunstâncias que facilitarão ou não.

A forma como o terapeuta prescreve uma tarefa e a forma com a qual ele vai lidar com sua apresentação, assim como com o fato do cliente não a realizar, vai sempre depender em primeiro lugar do motivo pelo qual ele passou aquela tarefa. E, sempre, também, de qual a função da tarefa no trabalho com o padrão de funcionamento e com o momento do processo que o cliente está (Ver item III. 14).

18. Uso de rituais na prática clínica

Entre as várias estratégias e técnicas terapêuticas, uma das mais eficazes é o uso de rituais.

Ritual é um processo destinado a reelaborar as interações rotineiras num tempo e espaço especiais, que estão fora dos limites usuais da interação cotidiana.

São atos simbólicos que incluem as cerimônias e também o processo de preparação, e são unidos por uma metáfora orientadora. É a possibilidade de expressão em termos metafóricos dos paradoxos da existência humana.

Um ritual, como qualquer outra técnica ou estratégia terapêutica, deve ser usado somente quando o processo terapêutico não está se desenvolvendo satisfatoriamente.

Usa-se um ritual, e não outra técnica qualquer, quando o objetivo que se quer atingir está coerente com as funções básicas dos rituais, que são:

- Ser um sistema de intercomunicação entre níveis, sistemas e/ou dimensões;
- Manter dois aspectos de uma mesma contradição, ou seja, manejar os paradoxos fundamentais (vida/morte, ideal/real, bem/mal etc.);
- Ser um meio de apoio e contenção nas emoções fortes;
- Realizar a integração entre indivíduos, famílias e comunidade ou entre passado, presente e futuro;
- Manter a dualidade, conectando estrutura e significado;
- Possibilitar a expressão e experimentação de coisas que não se pode pôr em palavras, ao vincular o analógico ao digital.

O uso de rituais terapêuticos estrutura-se em três etapas:

- Separação ou preparação: é tão importante quanto o ritual em si, engloba todas as pesquisas, preparações, conhecimentos e atitudes necessárias e relacionadas com o ritual;
- Participação ou concretização: é o ritual em si, no qual se vivem novas situações, novos papéis, experimentam-se situações;
- Reintegração: é a volta à situação rotineira, mas com as diferenças que o ritual possibilitou.

Entre os vários tipos de rituais terapêuticos, os mais usados são os:

- De pertencimento: usados para facilitar a ampliação ou redução dos membros da família, para redefinir o significado dos pertencimentos, para facilitar entradas e saídas, para definir fronteiras, para famílias com novos casamentos etc.;
- De cura: usados para assinalar a perda de um membro, para facilitar a expressão da dor e apontar novas direções na vida, para lidar com perdas de situações, funções ou papéis, para "limpar" situações mal resolvidas, para retomadas e reconciliações;
- De definição e redefinição de identidade: usados como ritos de passagem, para integrar crises e fases da vida, para desbloquear rótulos cristalizados;
- De expressão e negociação de crenças: usados para lidar com conflitos inter ou intrapessoal entre crenças;
- De celebração: usados para celebrar as transições dos ciclos de vida, sempre que se precisa de celebração, homenagem, demarcação de um tempo especial.

Na elaboração dos rituais, usam-se símbolos e ações simbólicas, os quais constituem a base do processo ritual. Também fazem parte dos rituais outros itens importantes:

- Os **símbolos** devem incluir objetos e/ou palavras que representam a possibilidade de modificar crenças, relações ou o significado dos acontecimentos. É importante que esses símbolos tenham conexão com o cliente, sejam parte do processo, da história ou do simbolismo dele. A seleção desses símbolos será feita a partir da linguagem explícita do cliente, da escolha do terapeuta, baseada nos motivos, problemas e objetivos, e da escolha do cliente, respeitando-se aspectos abertos e fechados, tempo e espaço, bem como atitudes, atividades e ações.

- **Aspectos abertos** são itens do ritual que o cliente pode escolher de acordo com sua intuição, criatividade, espontaneidade e improvisação; **aspectos fechados** são aqueles que o cliente deve executar sem variações. Um ritual deve incluir os dois aspectos, e a decisão sobre eles vai se basear no estilo do cliente (rígido, espontâneo, etc.), no objetivo do ritual, na escolha do cliente, entre outros.
- O **tempo** refere-se ao momento no qual se realizará o ritual, sua duração, sua frequência; a determinação do tempo de desenvolvimento do ritual como um "tempo especial" possibilitará a sua vivência como um tempo ritual, diferente do tempo da vida cotidiana, e também a compreensão de que o ritual é algo temporário, e não uma atividade para ser desenvolvida por toda a vida.
- O **espaço** refere-se ao lugar em que vai se realizar o ritual e deve ser coerente com o objetivo do ritual.
- **Atitudes, atividades e ações** específicas dependem do objetivo do ritual. Por exemplo: dar e receber, entregar objetos, compartilhar ou não o ritual, queimar, fazer relatórios, etc.

Na terapia com famílias e casais, os rituais ajudam a manter ou a mudar os paradigmas das relações. Ao mesmo tempo em que os rituais mantêm a continuidade dos vínculos, eles abrem a possibilidade de ocorrerem mudanças nos tempos e nas ações simbólicas ou concretas. Assim, cria-se um espaço virtual que auxilia novas experiências. Mesmo sendo um espaço simbólico ou fantástico, faz o registro, no inconsciente, no corpo e na memória, de um comportamento, uma ação ou uma fala que é diferente e que pode fazer diferença num novo padrão de funcionamento.

A diferença entre rituais e tarefas é que os **rituais** trabalham com múltiplos níveis, têm partes abertas e fechadas, apoiam-se em símbolos e ações simbólicas, e a sua preparação é parte essencial. Já as **tarefas** concentram-se mais no nível das ações, dão mais importância às prescrições com um resultado previsível, apoiam-se mais no concreto, a sua força está em fazer a tarefa, e não na preparação.

19. Um olhar especial

Os princípios e pressupostos relacionais sistêmicos orientam e organizam o trabalho clínico, mas sem esquecer que cada caso, cada situação merece um olhar particular. Cada situação e cada pessoa é um universo único, e dessa forma deve ser avaliado e encaminhado.

Apesar dessa particularidade de cada situação, ter um parâmetro, ter um arsenal de instrumentos, auxilia o terapeuta a não se perder nos momentos em que o sistema traz questões muito peculiares, mantendo a criatividade e a espontaneidade.

A. Famílias funcionais

Para que uma família se mantenha viva e em funcionamento, precisa contar com objetivos em comum, que lhe apontem o norte, contribuindo ativamente para seu equilíbrio e coesão. Existem alguns indicativos de funcionalidade familiar. Eles não são lineares, nem servem para todos e em todos os momentos, mas ajudam os pais que querem ter uma ação eficiente na formação de filhos úteis e saudáveis. São reflexões e treinos sobre os aspectos descritos a seguir:

- a. Continência – A família tem a capacidade de dar apoio aos seus membros nas horas de alegria, de dificuldades, de frustrações, de perdas, de erros. Muitas vezes é só estar junto, sem interferir, nem explicar, nem perguntar os "porquês".
- b. Pertencimento – Os membros da família têm certeza de que fazem parte de uma família: ela é única, tem características próprias, aspectos positivos e negativos específicos, mas é a sua família; é para onde se pode voltar a qualquer momento; é o que dá definição de muitas das suas características pessoais. E é um dos reforçadores da identidade pessoal a partir da identidade familiar.
- c. Crescimento e libertação – O movimento familiar qualifica e estimula a diferenciação e a independência de seus membros,

possibilitando experiências individuais que abrem espaço para novas aprendizagens e novos movimentos, facilitando as mudanças individuais. Sabendo que podem diferenciar-se, crescendo da sua forma pessoal e exercitando a liberdade de ir e vir e de ser.

d. Tarefas do ciclo vital – As famílias desempenham tarefas e funções pertinentes a cada ciclo de desenvolvimento familiar; as quais são diferentes e necessárias quando se tem criança pequena, adolescentes ou adultos, por exemplo. Essa compreensão de fases com tarefas, direitos e deveres auxilia os membros da família a fazerem escolhas e se responsabilizarem como acontecimentos inerentes as fases e ao crescimento.

e. Circularidade e comunicação – As famílias não têm assuntos ou situações tabus, não retêm as informações sobre fatos, desejos ou sentimentos; nelas, tarefas, funções, direitos e deveres circulam entre as pessoas de acordo com o momento e a necessidade. Mas não existe um controle e uma exigência que os membros se abram, essa abertura é natural e respeitada.

f. Regras e normas – Nas famílias, existem regras de funcionamento, fluxos e rotinas, e esses mecanismos são explícitos, negociados na medida da possibilidade, flexíveis para se adaptarem ao momento, à fase em que a família está e às necessidades. Dependendo da competência real dos seus membros, as regras serão definidas hierarquicamente, negociadas, aceitas ou discutidas.

g. Subsistemas claramente definidos e fronteiras claras e permeáveis – Todos da família sabem quem faz parte e participa de cada grupo familiar, quem pode fazer parte e mudar de grupo, dependendo das tarefas e funções de cada um. A participação nos subsistemas depende também da idade, competência e desejo de cada membro da família.

h. Hierarquia – As famílias explicitam e desenvolvem as questões hierárquicas, sem rigidez, mas de acordo com funções e necessidades.

B. Famílias com crianças pequenas

As famílias com crianças bem pequenas precisam ser olhadas com alguns cuidados especiais:

- Fazer sessões com toda a família. Muitos terapeutas evitam fazer sessões com bebês ou crianças muito novas, mas, pelo menos uma ou outra sessão deve ser realizada, pois é uma forma magnífica de enxergar o padrão de funcionamento da família em situações reais.
- Por menor que a criança seja, é importante fazer a redefinição sistêmica básica (de que a situação e o problema são da família toda; a aprendizagem é de todos e não só do membro que está apresentando sintomas) na frente dela, dos pais e de todos os membros da família. Mesmo que a criança não entenda intelectualmente, ela sente a situação, e a possível mudança de foco.
- De um modo geral, quando uma criança faz sintoma, o sistema parental está com dificuldades ou disfunções, então, na maioria das vezes a melhor indicação é de supervisão de pais, para recuperação das tarefas e funções parentais. Mas, é muito rico, fazer sessões com as crianças, mesmo as bem pequenas, e/ou com a família toda, para enxergar e colher dados para tratar na supervisão de pais.
- No caso de crianças pequenas muito mal atendida pelos pais, com risco de maus tratos ou descuidos, existe a possibilidade de encaminhá-la para um atendimento. Nesse caso, em que a criança vai ser cuidada, é importante que o terapeuta se dedique a ensinar e supervisionar os pais no desempenho das suas funções e não assuma as funções parentais por eles. Uma boa indicação é encaminhar a criança para atendimento em grupo terapêutico com outras crianças com dificuldades semelhantes ou diversas.

C. Famílias com adolescentes

Compreendemos a adolescência como a fase de vida em que a pessoa pode escolher e construir o adulto que ela deseja ser, e a terapia como uma possibilidade de auxiliar nessa escolha e nessa preparação.

Na maioria das vezes, os filhos, escoltados pelas teorias psicológicas, pela culpa dos pais, pelo álibi do "conflito de gerações", têm dificuldades em aceitar esse objetivo da terapia e se escudam nos erros dos pais, nos sofrimentos que vivem ou viveram. Na maioria das vezes esses erros e sofrimentos são comuns, rotineiros nos embates de pais e filhos, mas algumas vezes os mau tratos e sofrimentos são intensos e devastadores.

Uma das preocupações é fortalecer pais e filhos para lidarem com as dificuldades reais, mas sem estancarem o processo ou ficarem presos nos jogos de culpas, desculpas, punições e retaliações.

Para lidar com essas questões, sem tomar partidos ou se perder nas emoções da família, temos uma forma de trabalho que sem ser rígida e fixa, segue aproximadamente os seguintes passos:

a. Recebimento da família e trabalho com a vinculação, levantamento e circulação dos sintomas e situações, redefinições, definições de objetivos.

Após o pedido de atendimento, é realizado o primeiro telefonema com a pessoa que fez o contato, clareando o que está acontecendo, quem quer o atendimento, quais são as pessoas envolvidas e quais são os membros da família. É marcada a primeira sessão com todos os membros da família nuclear.

Na primeira sessão, são colhidos os dados de identificação e das relações entre todos os participantes, os dados referentes à queixa, ao levantamento de todas as tentativas feitas para resolver a questão e ao posicionamento de cada membro sobre o que está acontecendo.

Também são levantados os outros sintomas e queixas que existem na família com relação a todos os familiares, além do filho que desencadeou a vinda da família.

Nessa altura do atendimento, vão sendo feitas as redefinições com relação às leituras lineares que a família traz da situação e às premissas simplificadoras. É um momento muito importante, pois dele depende a possibilidade de criar novas alternativas, novas leituras que possibilitem o trabalho terapêutico. É imprescindível que as redefinições sejam realizadas com clareza e firmeza, mas com respeito e compaixão pelas dificuldades e dores da família.

A partir dessas redefinições, vai se trabalhar com o foco na definição de quais são as aprendizagens e mudanças que a família como um todo, cada um dos subsistemas e cada membro individual precisam, enxergam como necessárias e querem realizar.

Durante toda essa fase, o olhar do terapeuta será muito menos para os conteúdos relatados, e muito mais para o padrão de funcionamento da família.

Dependendo do quanto a família enxerga do seu funcionamento, da habilidade do terapeuta e de outras condições do contexto, essa fase pode durar de uma a quatro sessões.

b. Sessões familiares para trabalho com os objetivos de aprendizagens familiares comuns, definidos na primeira fase.

As sessões dessa etapa serão realizadas com todos os membros da família, focando as aprendizagens e mudanças que foram definidas e que englobam todos os membros ou que dependem de reorganização e treinos conjuntos.

É uma fase em que o importante é abrir novas possibilidades de rotinas, tarefas, compreensão das situações e aprendizagens, mas priorizando as relações familiares, as descobertas afetivas, a flexibilização e aquisição de novas estratégias para lidar com as dificuldades e os problemas, aprendendo a negociar as mudanças de relacionamento que devem acontecer.

Outro elemento importante é possibilitar que a família deixe de ver o membro sintomático como o foco, passando a enxergar a família como um todo que está fazendo sintomas.

c. Trabalho com sessões individuais do adolescente sintomático, e supervisão de pais.

O adolescente sintomático será acompanhado individualmente com o foco de responsabilizá-lo pela sua vida, auxiliá-lo a sair dos jogos repetitivos de depositações, críticas e desenvolvimento de sintomas. Independentemente da sintomatologia, o trabalho vai se desenvolver para que ele, cada vez mais, tenha consciência do seu próprio funcionamento, desenvolva as aprendizagens necessárias e instrumente-se para as mudanças que quer ou precisa fazer.

No atendimento aos pais, foca-se nas dificuldades que eles têm nas funções e tarefas parentais, desenvolvendo parceria nas decisões e compreensões. De um modo geral, os pais precisam de acompanhamento para: aceitar a autonomia, a privacidade e os limites dos filhos; exercer suas regras sem culpa, mas com clareza e responsabilidade; lidar com os aspectos, de casal e individuais, que surgem e dificultam o processo do filho.

d. Novos encaminhamentos de acordo com o que for surgindo: sessões de casal, sessões de família.

A partir das necessidades relacionais surgidas nas sessões de família, nas sessões individuais e com os pais, outras modalidades de atendimento podem ser desencadeadas, focando as relações que necessitam de trabalho específico ou as novas aprendizagens, bem como para auxiliar na continuidade do processo terapêutico. Podem ser, entre outras: sessões de casal, sessões de família extensa, supervisão de pais, sessões individuais com outros membros da família, sessões com díades específicas, sessões com subsistemas.

No desenrolar das sessões, são utilizados todos os recursos que parecerem úteis para atingir os objetivos de cada trabalho, entre eles: rituais terapêuticos, tarefas e prescrições, uso do tempo da sessão e dos intervalos, atividades complementares.

Além da compreensão teórica/técnica e clínica relacional sistêmica, esta proposta se torna coerente se compreendermos alguns dos pressupostos que a norteiam:

1. Os adolescentes funcionais:
Trabalham e/ou estudam
Têm amigos
Têm vida afetiva/sexual
Têm responsabilidades/tarefas em casa

2. Pais funcionais:
Têm responsabilidade e direito a exercer autoridade e limites

3. Foco e tarefa da terapia adolescente:
Apesar de, e com os erros/acertos/limites/exigências dos pais, o filho deve desenvolver e desempenhar as 4 funções de um adolescente, e definir que tipo de adulto quer/vai ser

4. Foco e tarefa da supervisão dos pais:

Aceitar a autonomia/privacidade/limites dos filhos

Exercer suas regras sem culpa, mas com clareza e responsabilidade

Lidar com seus aspectos pais/casal/individual que surgem ou dificultam o processo do filho.

D. Supervisão de pais

O foco do trabalho de Supervisão de Pais se encontra no padrão de funcionamento dos pais e do subsistema parental. Seja porque eles estão com dificuldades, ou desempenhando mal suas tarefas e funções parentais, ou precisando aprender e treinar outros instrumentos para melhor desempenhar essa função. Algumas vezes, o padrão de interação dos pais é que precisa ser trabalhado, e se eles não têm disponibilidade para tal, ou, por exemplo, são separados, a supervisão de pais realiza a terapia necessária, a partir dos papéis parentais.

É importante que fique bem clara a diferença da Terapia de Casal, que irá trabalhar todos os papéis do casal incluindo o papel de pais, e que este papel acontece dentro do sistema conjugal.

Já na Supervisão de Pais, o aspecto de casal não é o foco do trabalho e sim o subsistema parental, o trabalho será de supervisionar o padrão de funcionamento do subsistema parental e suas funções.

As funções parentais de criar os filhos, são:

- nutrir,
- conter,
- orientar,
- dar autonomia, e
- responsabilidades (conforme a idade e competência do filho).

Em geral, o pedido não é para a Supervisão de Pais, mas, sim, para um "filho problema". É fundamental, portanto, que os pais, desde o primeiro contato com o terapeuta, saibam que estarão trabalhando as suas dificuldades no exercício de sua função parental; portanto, o aprendizado e as dificuldades são deles também e não somente do filho.

A Supervisão de Pais pode ser um desdobramento de uma terapia de família, neste caso o terapeuta ao perceber a necessidade de um trabalho no padrão de funcionamento do subsistema parental chama os pais, para uma supervisão em separado dos filhos.

Uma outra possibilidade de trabalho que poderá surgir é o de uma Supervisão de Pais transformar-se em terapia de casal. Neste caso, é fundamental que o terapeuta faça um recontrato, mudando o foco do trabalho com o casal, levantando os riscos, as mudanças e aprendizagens que poderão aparecer ao deixar de se trabalhar somente no subsistema parental e passar para o sistema casal.

É tarefa da supervisão de pais, mostrar o funcionamento, treinar outras formas de lidar com as dificuldades, supervisionar e cobrar dos pais.

A supervisão de pais pode ocorrer só ela sem outra terapia familiar, ou em paralelo com sessões de família.

Nas supervisões os temas podem surgir a partir das sessões de família; ou trazidos pelos pais a partir das suas dificuldades, dos seus problemas ou das suas queixas, ou de aspectos que o terapeuta enxergou.

E. Terapia para separação ou divórcio

Casais funcionais também podem se separar. E, no caso de buscarem terapia nesse momento, alguns cuidados são necessários:

a. Avaliar o real desejo da terapia, para não correr o risco de que o espaço seja usado para ataques ou fantasias de volta da relação conjugal.

b. Fazer um contrato bem claro, sobre qual o foco do trabalho e sobre a provável necessidade de haverem sessões individuais, do subsistema pais, do subsistema filhos, e outros encaminhamentos que se façam necessários (Ver item II. 6).

c. Ficar atento às fantasias de fazer uma separação/divórcio sem que os filhos sofram ou sintam emoções fortes. O foco é que todos os envolvidos aprendam a lidar com as dores e dificuldades e possam se reorganizar com a nova situação.

d. Acompanhar as mudanças e novas situações, sem perder de vista as tarefas e funções parentais.

20. Processo

A. Sobre processo

a. Definição

Sequência contínua de fatos que apresentam certa unidade ou que se reproduzem com certa regularidade, andamento, desenvolvimento.

Método que tem um **seguimento** e um **desenvolvimento gradativo**

Método: procedimento, técnica, maneira, metodologia, modo, meio, recurso, norma, sistema, processamento, ordem, regime.

Seguimento: continuação, curso, decurso, encadeamento, sequência, série, sucessão, transcurso, passagem.

Desenvolvimento gradativo: andamento, evolução, progresso, crescimento, marcha, movimento.

b. Andamento dos processos

Os processos, seja um processo terapêutico ou outro qualquer, dependem de vários aspectos para acontecerem e continuarem o movimento.

Conhecer estes itens auxilia a compreender o que está acontecendo, esteja o processo se desenrolando ou estagnado, e tomar medidas para que ele flua.

Condições necessárias para que aconteçam: todo processo está ligado ao seu contexto, à sua necessidade, ao seu tema. Quando lidamos com processos é importante ter em mente as condições necessárias sem as quais nada acontecerá.

Pressupostos que auxiliam ou atrasam: as crenças, as verdades intrínsecas das pessoas e dos sistemas envolvidos no processo são a base para o processo acontecer. Muitas vezes se insiste para que ele ocorra, mas olhando a existência ou não desses pressupostos básicos teremos a compreensão das dificuldades ou impedimentos.

Foco, objetivo, meta: se todos os envolvidos no processo tiverem clareza de para onde se pretende ir, a energia e disponibilidade para a concretização do processo.

Etapas: entender que os processos acontecem a partir de etapas concretizadas, é um grande auxiliar parra predefinir essas etapas, com as condições necessárias de cada uma acontecer, respeitando os tempos específicos e reorganizando etapas e condições.

Desencadeantes: compreender que existem muitos aspectos que desencadeiam cada processo é básico para estudar o contexto, as relações e as propostas e desenvolver situações que auxiliem a execução do processo.

B. Sobre processo na Compreensão Relacional Sistêmica

Para acompanhar o desenvolvimento de processos nas situações terapêuticas, alguns parâmetros podem auxiliar.

Quando o terapeuta propõe um trabalho terapêutico, (desenvolver o nível de consciência do próprio funcionamento; realizar as aprendizagens necessárias; fazer as mudanças pertinentes) ele sabe que é um processo contínuo e constante, e então ele vai definir as etapas desse processo; enxergar como cada etapa está ligada à outra de forma sequencial, levantar os pré-requisitos, sempre focando nas aprendizagens e/ou mudanças contratadas.

Então:

- Etapas
- Interligadas
- Sequenciais
- Com pré-requisitos
- Para uma aprendizagem ou uma mudança

Estes itens definem o que a Terapia Relacional Sistêmica compreende como processo terapêutico.

C. Processo: Consciência Aprendizagem Mudança

a. Desenvolvimento de consciência do próprio padrão de funcionamento

- *Enxergar os aspectos do seu funcionamento.*
- *Escolher fazer ou conter* – quando se enxerga a forma de funcionar, o exercício não é conter os aspectos indesejáveis, mas sim, tomando consciência deles, exercitar a escolha e a decisão. Ter controle não significa não fazer, mas sim definir se quer fazer

algo (e fazer com consciência e responsabilidade) ou se prefere não fazer (com consciência e responsabilidade).

- *Levantar aprendizagens do padrão* – ao enxergar o padrão de funcionamento e exercitar escolher ou conter, surgem as aprendizagens que cada pessoa precisaria fazer; elas são individuais e se ocorrerem vão transformar a vida do indivíduo trazendo escolhas, responsabilidades, complexidade, que indiscutivelmente levarão a aprimoramentos e uma vida mais plena.

b. Aprendizagens

Cada aprendizagem tem muitos aspectos e ângulos diferentes para cada pessoa, ligados ao padrão de funcionamento, ao nível de consciência que tem dele, ao contexto de tempo e espaço que está inserido, e ao foco do momento. Mas, de um modo geral podemos encaixar as aprendizagens em 3 tópicos gerais:

Sistêmicas básicas – aquelas que são realizadas na família de origem, e que muitas vezes na vida adulta necessitam ser reaprendidas, flexibilizadas e atualizadas (Ver item IV. 1).

Que a vida está pedindo no momento –cada momento da vida as pessoas são direcionadas a necessidade de novas aprendizagens dependendo das suas escolhas, de cada situação vivida, das atividades relacionadas. A terapia pode e deve acompanhar essas aprendizagens, com o foco de integrar todos os aspectos da vida do cliente.

Que surgem a partir do processo – cada momento e movimento novo dentro do processo terapêutico surgem novas necessidades de coisas a serem aprendidas e reformuladas. Através dessas novas aprendizagens, outras novas surgirão, num processo continuo de aprendizagens, integrações, individuações e mudanças.

c. Mudanças

- Necessárias – muitas vezes existem mudanças anteriores que são imprescindíveis para que o cliente possa chegar a fazer a mudança que deseja. É tarefa do terapeuta esclarecer e acompanhar o cliente nessas mudanças.
- Desejadas – são as mudanças que o cliente enxerga e quer fazer. É importante que o terapeuta qualifique o desejo do cliente,

pois, com certeza o fato de ele desejar tais mudanças, traz mais motivação e energia apara o processo.
- Possíveis – muitas vezes por desconhecimento ou falta de pertinência o cliente traz como objetivo mudanças que não são viáveis ou possíveis. Cabe ao terapeuta redefinir esse pedido, descontruindo a situação e trazendo à tona outras mudanças que são periféricas ou parceiras das desejadas pelo cliente.

D. Sobre processo terapêutico em geral

No processo de desenvolvimento, uma criança passa por fases que trazem sentimentos, vivências, carências e aprendizagens específicas. Se a criança, nessas fases, independentemente das razões e explicações, passou por dificuldades, ela vai se proteger, defender-se, sem conseguir realizar as aprendizagens. E, ainda, vai cristalizar seu funcionamento. Quando inicia seu processo de mudança, muitas das aprendizagens que ficaram retidas precisarão ser reativadas e realizadas, para facilitar as mudanças específicas daquela pessoa.

Outras vezes, no momento presente, surgem aspectos – externos ou internos – que a pessoa não conhece, não domina. Esses itens farão falta para suas mudanças e para seu crescimento, podendo desencadear uma série de novas aprendizagens. Realizar essas aprendizagens criará novas estratégias de funcionamento e ajudará no andamento do processo.

A forma, o ritmo, os sentimentos, as facilidades, as dificuldades do processo de aprendizagem variam de pessoa para pessoa, em função da sua história de mudanças, da maior ou menor flexibilidade que ela e sua família têm, bem como de várias outras variáveis individuais.

E. Sobre processo no trabalho com Padrão de Funcionamento

- Muitas vezes, ao enxergar o padrão de funcionamento, a pessoa tem um desânimo, pois não sabe fazer diferente. E não sabe mesmo, a priori, porque nunca fez ou não tem as habilidades e os conhecimentos necessários para fazer diferente.
- A partir do momento que a pessoa compreende o que são "padrões de funcionamento", ela inicia seu processo de mudança.

No entanto, a palavra-chave para ser lembrada é **processo**. Isso significa que nada ocorre rapidamente, que nada ocorre isoladamente, nada ocorre sem trabalho, sem vaivéns.

- O processo de mudança inicia-se, então, ao se tomar contato com a noção de padrão de funcionamento e passa por etapas, passos, momentos e movimentos, que vão dando conhecimento, consciência e compreensão do seu funcionamento. Depois, pode-se descobrir como, o quê e quando os fatos, as reações e as emoções acontecem. A partir daí, pode-se passar a trabalhar descobrindo para que faz determinada ação ou tem determinada reação. A seguir, surge o desejo de mudar, que implica na energia necessária para o trabalho de mudança. No entanto, só o desejo não vai resolver as questões, nem facilitar o processo; é necessário criar a vontade de mudar – que implica na ação concreta, no movimento explícito. De fato, só aí o desenvolvimento das aprendizagens necessárias (as que ficaram faltando nas etapas de desenvolvimento ou aquelas que o momento está exigindo) vai se iniciar. Só depois, então, se começa a planejar as estratégias da mudança, a experimentar e pôr em prática as novas possibilidades, a treinar, treinar, treinar, até que isso passe a fazer parte do jeito de ser.

- Ao romper a rigidez de um padrão, antes inconsciente e agora sob controle, é necessário ficar atento ao risco das recaídas e às novas mudanças que surgirão. Ao realizar uma mudança, fica o sinal, a marca da nova experiência; que quanto mais repetida, mais firme ficará, mas é indispensável ficar atento às recaídas, sem persecutoriedade, mas sem ingenuidade.

- Ao passar a ter consciência e controle das compulsões, começa a ter possibilidade de fazer reais escolhas. E são escolhas com alegria de viver, com a qualidade de vida que estava estocada em algum lugar do ser e controlada pelos padrões inconscientes e rígidos.

IV. COMPETÊNCIAS PESSOAIS

A escolha de ser um terapeuta sistêmico, relacional sistêmico, um terapeuta de ação, um terapeuta com foco na mudança, já pressupõe uma forma de ser e de trabalhar que encaminha para enxergar seu padrão, saber que é a partir do seu próprio processo que irá auxiliar no processo dos seus clientes.

Esta compreensão do processo da vida e do processo terapêutico leva o terapeuta a viver e experimentar os pontos teóricos e técnicos para adquirir competências primeiro como pessoa e consequentemente como terapeuta.

A escolha as suas teorias profissionais de base definem o caminho a seguir, bem como as intervenções e posturas coerentes com essas teorias.

Se o pensamento é sistêmico, aumenta a responsabilidade – pelas escolhas, pelos processos, pela qualidade do trabalho, pelos acertos e desacertos – e reforça a certeza de que não existe um jeito certo de trabalhar, de estar com o cliente; existe o seu jeito, o seu certo, o seu melhor, a sua capacidade, a sua escolha.

Por exemplo: compreender os axiomas da comunicação só terá utilidade se for exercitado no dia a dia do terapeuta; não é uma ferramenta a ser usada com o cliente, mas, sim, um exercício constante para ser integrado no padrão relacional do terapeuta, e assim ser usado como um elemento relacional com o cliente, auxiliando-o a ter consciência do seu padrão e experimentar flexibilizá-lo e ampliá-lo, não como uma ferramenta teórica, mas sim como uma forma de relacionamento terapêutico.

As ideias e posturas relacionais sistêmicas são propostas para serem vivenciadas; a coerência entre elas e a experiência pessoal do terapeuta certamente demonstrarão a competência maior ou menor do terapeuta.

As competências técnicas são a estrutura do trabalho clínico relacional sistêmico; se o terapeuta as conhecer, acreditar nelas e colocá-las em prática, irá fortalecendo a postura técnica e desenvolvendo suas competências clínicas.

1. Aprendizagens sistêmicas básicas

Aprendizagens sistêmicas básicas é como chamamos aquelas aprendizagens que são desenvolvidas na família de origem. São ligadas aos temas básicos de um relacionamento.

As formas como elas foram realizadas – com rigidez ou flexibilidade; com pré-conceitos ou sem definições morais; com definição de certo/errado ou de forma circulante; entre outras formas definidoras – ditarão os padrões relacionais que cada indivíduo terá nos seus relacionamentos íntimos e também nos sociais.

Um terapeuta será mais hábil em enxergar essas aprendizagens dos seus clientes na medida em que já tenha tido consciência de como suas aprendizagens sistêmicas básicas foram realizadas e, mais importante que isso: o quanto já conseguiu flexibilizar essas aprendizagens e já realizou mudanças nas suas relações.

Algumas dessas aprendizagens sistêmicas básicas:

A. Pertencer e Separar

É a primeira das aprendizagens básicas na vida de uma pessoa; inicia-se ao nascer, e vai se definindo ao chegar em casa e depende dos valores familiares ligados a esses temas.

Pertencer e separar-se são as duas faces da mesma moeda, e as pessoas que aprendem uma delas serão, ao mesmo tempo, hábeis na outra. A família dá a seus membros o cunho da individualidade, mas essa experiência de identidade única depende de como foi vivenciado e aprendido, no seio da família, o sentido de pertencimento e o sentido de ser alguém separado. A família é, portanto, o laboratório em que tais ingredientes são misturados e administrados. É a matriz da identidade.

O primeiro sentido de pertencimento de uma criança é influenciado por seu sentido de pertencer a uma família específica. Aparece mediante um processo circular, como uma acomodação de parte da criança aos grupos familiares, bem como das modificações e reações que o grupo familiar tem a partir da presença da criança.

O relacionamento da criança com seus parentes traz formas específicas familiares de lidar com situações, de reagir aos eventos. Ao dizer "Nós, os fulanos de tal, reagimos assim ou somos assim", mostra-se à criança, e ela vai aprendendo o que é comum a várias pessoas, o que faz dela uma entre várias pessoas.

Uma das funções básicas da família é a de historiador, que é desenvolvida por todos, mas que é desempenhada primordialmente pelos avós. É a integração do passado ao presente (e traz a possibilidade de planificar o futuro) e é uma das formas de desenvolver o sentido de pertencer.

Se essa certeza de fazer parte se instala, a criança adquire certeza de sobrevivência, de existência; assim, vai estar preparada para se separar, para viver e estar sozinha. Quem registrou que faz parte, que pertence, aprende a se separar, a lidar com a solidão, sem culpas.

Este é um dos paradoxos humanos: para viver bem sozinho, é necessário ter certeza de que faz parte!

B. Rejeitar e ser rejeitado

Este é um tema que na maioria das vezes é passado como se rejeição fosse algo muito ruim; rejeitar alguém é sinal de "maldade" ou falta de afeto pela pessoa; e ser rejeitado é muito doloroso e difícil. Quando, na realidade, rejeitar e ser rejeitado só são dois aspectos de qualquer relacionamento.

Se a pessoa está segura de quem ela é, aprendeu a lidar com pertencer e separar-se, vai lidar com as situações de rejeição como contingências de um relacionamento, como algo que faz parte das escolhas, dos movimentos das pessoas na vida e nas relações. Valorizar excessivamente as experiências de rejeição determina uma postura infantil, de quem sabe o que é o certo e deseja que os outros funcionem a partir do seu desejo.

A maior facilidade ou dificuldade em lidar com situações nas quais se é rejeitado ou em atuar sua rejeição também depende dos valores familiares aprendidos e da forma como experimentou a fase de triangulação no seu processo de desenvolvimento. Se essa fase é bem vivida e resolvida, a pessoa aprende a estar sem ansiedade e angústia nas várias posições triangulares:

- *Ser o terceiro excluído*: enxergar, aceitar e aprender quando não está fazendo parte da situação; onde os outros dois elementos do triangula tem uma relação, uma atividade ou um evento em que ele não participará ou não faz parte
- *Estar na relação com um e excluir ao outro*: suportar sem culpa ou mal-estar, estar se relacionando ou realizando uma atividade em díade, e deixar o terceiro elemento fora.
- *Estar na relação com os outros dois como uma instituição*: relacionar-se não com os dois individualmente, mas com o que eles estão simbolizando ou desempenhando como tarefa. Por exemplo quando o filho se relaciona com "pais" e não com a mãe ou com o pai.
- *Estar na relação a três*[89]: circulando a atividade e a relação entre os três elementos do triângulo de forma harmônica.

C. Dar e receber

Dar e receber são dois aspectos de um relacionamento humano e humanizado. Dar, pressupõe desenvolver a habilidade de perceber o outro, enxergar o que lhe agrada e conseguir transformar seu afeto em um símbolo do que sente. Receber algo que lhe é dado é um comportamento relacional muito importante; pressupõe enxergar o afeto que lhe é dedicado e a importância que isso tem para quem está lhe dando algo.

Famílias que qualificam o dar e o receber ensinam seus membros não só a isso, mas preparam o caminho para poderem fazer concessões, definir desejos, ceder e bancar seus desejos e direitos.

D. Direitos e deveres

O exercício de cumprir os deveres na vida, e batalhar pelos seus direitos pode ser realizado de forma leve, responsável e coerente ou de

---

[89] FONSECA FILHO, J. *Psicodrama da loucura*. São Paulo: Agora, 1980. p. 85.

forma rígida, fora do contexto e egoisticamente. Cada família ensina seus membros a estarem mais próximos de um ou de outro polo.

E. Culpa e responsabilidade

As famílias que lidam de forma leve e flexível ensinam seus membros a terem responsabilidade pelos atos e sentimentos e a não caírem numa culpa sem saída.

Para desenvolver **responsabilidade**, são necessários vários itens:

- Ter contato com suas sensações, emoções e sentimentos;
- Ter consciência do que deseja;
- Ter conhecimento das possibilidades de escolhas e das possíveis consequências;
- Fazer sua escolha, agir; e repetir esse processo quando sua ação desencadear consequências.

No processo de **culpa**:

- A ação é compulsiva – sem avaliar o que deseja, nem as possibilidades de escolhas e as possíveis consequências;
- E continua a agir compulsivamente quando sua ação desencadear consequências;
- E ao haver questionamento ou cobrança, foge, nega ou culpa alguém.

F. Público e privado, Intimidade e privacidade

Compreendo esses 4 temas como intrinsecamente ligados, a forma de lidar com um deles define e é definido pela forma de lidar com o outro.

A maioria das pessoas tem dificuldade em saber o que é do departamento público e o que é do departamento privado. Ensinar esses conceitos para as crianças é uma tarefa difícil e delicada, pois a separação entre os dois é sutil, tênue e mutante.

A lucidez sobre o que é público e o que é privado começa a ser construída nos primeiros momentos de vida; depende da forma como o parto e os primeiros instantes do bebê acontecem. O nascimento deveria ser um momento de total intimidade entre a mãe, seu bebê, que é parte íntima dela, e o pai, que é o coautor da magia e intimidade. Muitas vezes, é esquecido que é um ato de intimidade, que deveria ser rodeado de privacidade e respeito.

A definição, do que é íntimo, continua sendo construída no passar dos anos e das fases.

Contar os segredos dos filhos, pode encobrir a deslealdade com a intimidade e a privacidade dos mesmos. Inúmeros adultos relatam que perderam a possibilidade de ter intimidade com seus pais; a maioria deles lembra que isso começou a acontecer quando eram crianças e compartilhavam com seus pais suas dificuldades, suas conquistas, seus sentimentos e, quando menos esperavam, esse assunto estava na conversa dos parentes, dos vizinhos, dos professores.

A maioria dos pais acham que tem direitos de invadir a privacidade dos filhos, em nome dos cuidados, em nome de manter o controle sobre coisas erradas que ele possa fazer. Com esse álibi, cometem atos que, além de invadir a intimidade dos filhos, de deturpar a noção do que é pessoal, familiar, público, cortam, aos poucos, os laços de afetividade e intimidade entre eles.

Uma outra questão, também ligada à definição de privacidade, é o excesso de intimidade entre pais e filhos. É comum encontrarmos mães que se orgulham de serem "as melhores amigas" das suas filhas. Pais que repetem essa afirmação são mais raros, mas existem. Quando essa situação acontece, é possível que, nessa família ou nesse vínculo, encontremos funções invertidas ou não desempenhadas, intimidades devassadas. Não é tarefa e função de mãe ser a melhor amiga e confidente da filha. Para desempenhar as funções indispensáveis de maternagem e paternagem, os pais precisam ter papéis e funções claramente definidos e fazer uso adequado da autoridade. Amigo e confidente não tem essa tarefa. Filhos devem ter amigos e confidentes da sua própria idade, etapa e competência. Pais são orientadores e organizadores; precisam ser.

Pais e filhos podem ser amigos, confidentes, quando já tiverem idade e competência suficientes, quando forem **adultos**. Então, será puro prazer compartilhar de igual para igual. Entretanto, isso só é possível e só vai acontecer se souberem manter as limitações, tarefas e funções de cada uma das fases.

G. Solidão

Uma das situações difíceis de lidar com as crianças é a questão da solidão. Não porque seja uma situação mais difícil do que as outras, mas porque, de um modo geral, as pessoas, os meios de comunicação, a cultura nos encaminha a não entrar em contato com a solidão.

A sensação de solidão é inevitável, e muitas explicações teóricas e filosóficas existem para falar dela: a incompletude do homem, o desejo do Nirvana, o trauma do nascimento, entre outras.

A maneira de encarar a solidão depende do que foi aprendido no funcionamento da família, além, claro, da personalidade e das características de cada indivíduo.

- Algumas pessoas não têm consciência dessa solidão e outras têm.
- As que não têm consciência podem fazer sintomas físicos, relacionais ou de outra área, mas não associam os sintomas com sua dificuldade de viver a solidão.
- No grupo dos que têm consciência da existência da sua solidão:
  - Alguns a negam,
  - Outros fogem dela,
  - Outros não se conformam com ela,
  - E um pequeno subgrupo a aceita.
- Aceitar a inevitabilidade da solidão é o primeiro passo para lidar com ela.
  - Alguns aceitam, e morrem disso;
  - Outros aceitam, sofrem e fazem sofrer por isso;
  - Outros culpam alguém;
  - Outros viram fanáticos religiosos ou de ideias;
  - Alguns se responsabilizam pela consciência que têm da solidão e, entre saídas e recaídas, usam-na como forma de aprender novas coisas nas relações e consigo próprios.

Aceitar a solidão não é se resignar; é aceitar a si próprio, nas suas condições e potências reais.

Saber que existem situações e coisas que não podem ou não precisam ser compartilhadas é um dos elementos que fortalece a relação entre as pessoas e evita que queiram compulsivamente conhecer tudo que o outro sente e pensa. Nem sempre a pessoa tem consciência do que está sentindo, ou do que desencadeia determinado sentimento.

Ser pressionado a dar uma explicação de algo que se está sentindo e não tem clareza do que é força a pessoa, especialmente a criança, a inventar uma explicação e distanciar-se dos sentimentos e sensações.

Se os pais souberem disso, ensinarão todos os membros da família que cada um deles poderá mergulhar na sua dor e solidão, quando acontecer, sem a preocupação de se justificar para o parceiro/pai/mãe/amigo.

Dar colo ao outro quando sofre de solidão sem fazer perguntas e sabendo que quando se sentir solitário também será acolhido, pode melhorar a relação e possibilitar que cada pessoa se permita sentir e viver suas emoções sem autocríticas nem exigências. Saber que, quando uma pessoa quer ficar só, ela está se fortalecendo e se reorganizando, faz com que o momento de isolamento de cada um não represente risco. E, assim, aprendem a respeitar e a ser respeitado.

Estar só pode representar um momento de sossego, de reabastecimento pela intimidade consigo mesmo, de mergulho no seu mundo interno.

H. Individualidade

O exercício de ajudar uma criança a fortalecer sua individualidade (o que lhe é particular, individual e singular; o conjunto de características próprias e exclusivas com os quais se podem diferenciar das outras pessoas); sem deixá-la cair no individualismo (característica de funcionamento ancorada na incapacidade de aprender com os outros, carência de solidariedade, egoísmo).

A individualidade vai se construindo a partir dos modelos que a criança recebe e da qualificação das características e comportamentos que ela tem.

A forma pela qual os familiares auxiliam a criança a se conhecer, sem conotações negativas ao que vai aparecendo, fortalecerá o autoconhecimento e promove o fortalecimento da individualidade.

Uma pessoa que construiu de forma firme e flexível sua individualidade, se sentirá dono de um conjunto de atributos que a distingue das outras pessoas; fazendo com que alguém seja único e se sinta único. Essa pessoa terá habilidade em distanciar-se das pessoas e situações sem culpa ou mal-estar, da mesma forma que consegue ficar perto e ter intimidade sem se perder nos valores, comentários ou comportamentos da outra pessoa; pode ser original (fazer de um jeito diferente dos outros como também das formas que já fez) e autônomo (uma pessoa que não se enreda na dependência ou independência excessiva; não precisa estar com outros, mas pode escolher estar com os outros).

Também ajudará a lidar com incertezas, solidão e liberdade.

2. Consciência do próprio Padrão de Funcionamento

O foco da Terapia Relacional Sistêmica é trabalhar com os padrões de funcionamento. Cada sistema – indivíduo, casal, família, grupo, instituições – tem seu próprio padrão de funcionamento; na maioria das situações esse padrão é inconsciente e automático.

Quando o terapeuta trabalha com este foco sabe que o primeiro passo é conhecer teoricamente o que é padrão de funcionamento, como e para que se estrutura, como pode ser visto.

Desde essas primeiras informações, o caminho é o terapeuta começar a ir juntando a teoria com as descobertas do seu próprio padrão e ir completando o "quebra cabeça" do seu padrão.

Então, vai treinar enxergar o padrão de funcionamento dos seus clientes e auxiliá-los para que ele próprios enxerguem seu padrão.

E, ao mesmo tempo, vai mapeando o nível de consciência que eles têm dos seus padrões e das aprendizagens que precisariam fazer e as mudanças que seriam pertinentes.

Isso não é uma questão linear, mas sim um processo circular; quanto mais enxergar mais enxergará; quanto mais tiver consciência mais aspectos surgirão (Ver item II.5.I).

3. Competências complementares

A seguir, algumas ideias relacionais sistêmicas que podem melhorar a competência clínica:

A. Trabalho de crise, sessões pontuais ou terapia processual

Essa é uma das definições a serem feitas na primeira sessão.

a. Processo terapêutico focando o padrão de funcionamento

Quando o cliente tem um nível alto de pertinência, ou tem consciência do seu funcionamento, ou já realizou as aprendizagens necessárias e necessita ajuda para implementar as mudanças.

Quando o nível de pertinência é mediano ou baixo, a primeira fase do trabalho será de desenvolvimento da pertinência; se desenvolver a pertinência passa-se para uma terapia processual.

b. Sessões pontuais

Quando o nível de pertinência é muito baixo, os objetivos serão compreendidos em cada uma das sessões. São usadas as estratégias normais, mas o foco é mais na contenção do que no padrão de funcionamento.

c. Terapia nas situações de crise (Ver item III. 17)

Quando o cliente passou por uma perda e precisa lidar com ela, antes de refazer seus projetos. Após esse trabalho, pode se transformar em uma terapia processual.

B. Saber estar próximo para sentir e distante para enxergar

Essa é uma das habilidades que diferencia um terapeuta competente de outro (Ver item III. 10) e é responsável pela sensação que os clientes têm, de serem vistos e compreendidos nas suas dores e dificuldades, mas também nas suas boas intenções e desejos; e que garante um olhar sistêmico, de fora da situação e podendo enxergar muitas das ligações e desencadeantes das situações relacionais do cliente. Principalmente nos atendimentos de famílias, este é um treino básico.

C. Flexibilizar

A definição de flexível é a facilidade e ligeireza de movimentos; agilidade, elasticidade, elegância. Então, consiste na capacidade de ser tolerante a mudanças; seja em situações voláteis ou na superação de obstáculos.

É estar aberto a reflexões sobre novas ideias, sendo também favoráveis a alterações que propiciem melhorias; não descartar ajustes estratégicos ou novos rumos, desde que passem pelo crivo coerente da análise apoiada na teoria e na proposta básica.

Afinal, ser flexível não é desfazer-se dos questionamentos ou avaliações muitas vezes indispensáveis na tomada de decisões que implicam no andamento do processo do cliente; mas sim, ser capaz de rever posições, conceitos, planejamentos, estratégias e atitudes.

Para terapeutas que trabalham com planejamento do trabalho clínico, ser flexível é fundamental, para não ficar escravo dele sem criatividade, espontaneidade e vida.

D. Usar intuição mas plugar no teórico/técnico/planificado

Uma das experiências que pode enriquecer o trabalho clinico e transformá-lo em uma obra de arte, original e criativa é a existência e o bom uso de percepções, insights, intuições e elucubrações. No entanto é importante saber que também podem ser ressonâncias do terapeuta, e neste caso, colocar o cliente em risco.

Saber que usar esse material, transformando-o em hipóteses, e depois checando-o com os dados concretos, é o caminho da espontaneidade e criatividade[90]; diferenciando e bem usando as elucubrações, hipóteses e fatos.

Outra forma de trabalhar nesse terreno com cautela e segurança, é, sempre que tiver uma intuição ou elucubração, checá-las com a teoria, a técnica e o objetivo do trabalho clínico.

E. Conhecer sobre funcionamento psicótico e neurótico

Essa é uma premissa básica para fazer um trabalho com o melhor do cliente, ajudando-o a se conhecer, aprender e mudar, mas sem o risco de colocá-lo em situações perigosas ou nas quais ele não tem condições de estar.

---

[90] MORENO, J. L. *Psicoterapia de grupo e psicodrama*. São Paulo: Editora Mestre Jou, 1974. p. 58.

F. Saber sair ou lidar com situações que impactam

Trabalhar com psicoterapia, especialmente com famílias e casais, pressupõe que o terapeuta esteja treinado em conectar com suas emoções, mas também, e principalmente ser hábil no controle da sua expressão.

Por mais exercício neste tema, inevitavelmente, viveremos situações em que os fatos ou as emoções do cliente vão nos inundar. Seja em supervisão, terapia ou auto-supervisão, o terapeuta deverá se trabalhar para ter habilidade para lidar com esses momentos de forma que seja útil para o cliente e para a situação terapêutica.

G. Conter aspectos do seu Padrão de Funcionamento que não são úteis naquele momento, naquela situação ou para aquele cliente

Quanto mais o terapeuta conhecer e tiver controle do seu próprio funcionamento mais possibilidades ele terá para expressá-lo ou contê-lo, em função do que será mais útil para o momento e para o padrão de funcionamento do cliente.

H. Ter conhecimento e discernimento das formas de trabalhar o padrão de funcionamento

Apontando, mapeando, atuando, explicando teoricamente (Ver item III. 5. I) Dependendo do padrão do terapeuta ele terá mais facilidade em atuar uma dessas possibilidades, então, o treinamento é ampliar seus instrumentos de conhecimento e controle para escolher a estratégia que auxilie seu cliente naquele momento.

I. Coragem e ousadia com discernimento

São três aprendizagens que farão com que o terapeuta aprimore sempre, mas com segurança.

V. CONCLUSÃO

Revendo o que escrevi, enxergo que alguns dos conceitos apresentados já haviam sido descritos em outros livros[91][92]. Decidi mantê-los, fazendo novas ligações e explicando-os melhor, pois alguns são necessários para dar coerência e, outros, são a base da proposta e postura relacional sistêmica.

Alguns conceitos se repetem em vários itens, porque estão ligados aos vários assuntos e enfoques. Procurei mostrar outro ângulo, mesmo sendo o mesmo conceito.

Desejo que seja um bom "mapa" para os terapeutas relacional sistêmicos, auxiliando-os a fortalecerem suas crenças, a fazerem novas "viagens" de forma a ampliar a compreensão relacional sistêmica e sua prática clínica.

Mas também desejo que acrescente reflexões e novos olhares para terapeutas sistêmicos ou de outras abordagens.

O título *Terapeuta de Família e de Casal* foi mantido, apesar de que o terapeuta relacional sistêmico atuará os itens do livro, como terapeuta, independentemente de ser seu cliente um indivíduo, um casal, uma família ou um grupo.

E, para finalizar, um pedido: ao ler ou usar o material do livro, me dê seu *feedback*. Pode ser pelo e-mail srosset@terra.com.br. Ficarei muito grata, pois certamente isso me auxiliará como pessoa, terapeuta e escritora.

Muito obrigada!
Fevereiro 2020

---

[91] ROSSET, S. M. *Terapia Relacional Sistêmica*: indivíduo, família, casal e grupo. 2014.
[92] ROSSET, S. M. *Pais e filhos*: uma relação delicada. Belo Hprizonte: Ed Artesã, 2003.

VI. BIBLIOGRAFIA

Bibliografia básica

ANDOLFI, M. *A terapia familiar*. Lisboa: Editorial Veja, 1981.

ANDOLFI, M. et al. *Por trás da máscara familiar*. Porto Alegre: Artes Médicas, 1984.

BOWEN, M. *De la familia al indivíduo*. Buenos Aires: Paidós, 1998.

KESSELMAN, H. *Psicoterapia breve*. Madrid: Editorial Fundamentos, 1985.

MINUCHIN, S. *Famílias*: funcionamento e tratamento. Porto Alegre: Artes Médicas, 1990.

NNEIL, J. R.; KNISKERN, D. P. *Da psique ao sistema*. A evolução da terapia de Carl Whitaker. Porto Alegre: Artes Médicas, 1990.

ROSSET, S. M. *Brigas na família e no casal* – Aprendendo a brigar de forma elegante e construtiva. Belo Horizonte: Ed. Artesã, 2017.

ROSSET, S. M. *Izabel Augusta*: a família como caminho. Belo Horizonte: Ed. Artesã, 2016

ROSSET, S. M. *O casal nosso de cada dia*. Belo Horizonte: Ed. Artesã, 2019

ROSSET, S. M. *Pais e filhos*: uma relação delicada. Belo Horizonte: Ed. Artesã, 2014

ROSSET, S. M. *Temas de casal*. Belo Horizonte: Ed. Artesã, 2018

ROSSET, S. M. *Terapia Relacional Sistêmica*: indivíduo, família, casal e grupo. 2014.

SATIR, V. *Terapia do grupo familiar*. Rio de Janeiro: Francisco Alves, 1977.

SCHUTZ, W. *Profunda simplicidade*. Lisboa: Ágora, 1989

WATZLAWICK, P.; WEAKLAND, J.; FISCH, R. *Mudança* – Princípios de formação e resolução de problemas. São Paulo: Ed. Cultrix, 1987.

WATZLAWICK, P.; BEAVIN, J. H.; JACKSON, D. D. *Pragmática da comunicação humana*. São Paulo: Editora Cultrix, 1981

WHITAKER, C. A.; NAPIER, A. *El crisol de la família*. Buenos Aires: Amorrortu Editores, 1997

WHITAKER, C. *Dançando com a família*. Porto Alegre: Artes Médicas, 1990.

WILLI, J. *La pareja humana*: relación y conflicto. Buenos Aires: Ediciones Morata, 1992

Bibliografia indicada

ANDOLFI, M. *A linguagem do encontro terapêutico*. Porto Alegre: Artes Médicas, 1996

ANDOLFI, M. A. *A terapia familiar multigeracional* – Instrumentos e recursos do terapeuta. Belo Horizonte: Ed. Artesã, 2018

ANDOLFI, M. A.; MASCELLANI, A. *Intimità di coppia e trame familiar*. Milão: Raffaello Cortina Editore, 2019.

ANDOLFI, M. A.; MASCELLANI, A. *Histórias da adolescência* – Experiências em terapia familiar. Belo Horizonte: Ed. Artesã, 2019.

GROISMAN, M. *Família*: trama e terapia. A responsabilidade repartida. Rio de Janeiro: Objetiva, 1991.

IMBER-BLACK, E.; ROBERTS, J.; WHITING, R. A. *Rituales terapêuticos y ritos em família*. Barcelona: Gedisa, 1991

MINUCHIN, S.; NICHOLS, M. P. *A cura da família*. Porto Alegre: Artes Médicas, 1995.

MINUCHIN, S.; FISHMAN, H. P. *Técnicas de terapia familiar*. Porto Alegre: Artes Médicas, 1990.

MOFFATT, A. *Terapia de crise*: teoria temporal do psiquismo. São Paulo: Cortez Editora, 1987

PICHON-RIVIÈRE, E. *Teoria do vínculo*. São Paulo: Martins Fontes, 1982

ROSSET, S. M. *123 técnicas de Psicoterapia Relacional Sistêmica*. Belo Horizonte: Ed. Artesã, 2017.

ROSSET, S. M. *Mais técnicas de Psicoterapia Relacional Sistêmica*. Belo Horizonte: Ed. Artesã, 2018.

SATIR, V. *The new people making*. Mountain View, USA: Science and Behavior Bbooks, 1988.

VASCONCELOS, M. J. E. *Pensamento sistêmico*: o novo paradigma da ciência. Campinas: Papirus, 2002.

WATZLAWICK, P. *Sempre pode piorar ou a arte de ser (in)feliz*. São Paulo: Editora Pedagógica e Universitária, 1984.

WHITAKER, C. *Meditaciones nocturnas de um terapeuta familiar*. Madrid: Paidos Iberica Ediciones, 1992.

Bibliografia complementar

CALVO, I. M.; DIMANT, F. R.; SPOLANSKY, T. C. *Pareja y família*. Buenos Aires: Amorrortu Editores, 1973.

CAPRA, F. *A teia da vida*. São Paulo : Cultrix, 1999.

CAPRA, F. *O ponto de mutação*. São Paulo : Cultrix, 2000.

FIORINI, H. J. *Teoria e técnica de psicoterapia*. São Paulo: Ed Francisco Alves, 1993.

FISCH, R.; WEAKLAND, J. H.; SEGAL, L. *La táctica del cambio*. Buenos Aires: Editorial Herder, 1987.

KEENEY, B. *A estética da mudança*. Campinas: Editorial Psy, 1997.

PAPP, P. *Casais em perigo*: novas diretrizes para terapeutas. Porto Alegre: Artmed, 2002

PAPP, P. *O processo de mudança*. Porto Alegre: Artes Médicas, 2002.

SHAZER, S. de. *Claves em psicoterapia breve*. Buenos Aires: Gedisa Editorial, 2000.

SHAZER, S. de. *Terapia familiar breve*. São Paulo: Summus Editorial, 2003.

Textos de Solange Rosset sobre o tema do livros[93]

ROSSET, S. M. *A família como caminho*. Curitiba, 2002.

ROSSET, S. M. *A família funcional*. Curitiba, 2011.

---

93 Estes e outros textos podem ser encontrados no site: www.srosset.com.br

ROSSET, S. M. *A Terapia Relacional Sistêmica*. Curitiba, 1991.

ROSSET, S. M. *Aplicação da abordagem corporal na terapia de casal e família*. Curitiba, 2005.

ROSSET, S. M. *Casal funcional constrói família funcional*. Curitiba, 2011.

ROSSET, S. M. *Casal funcional*. Curitiba, 2017.

ROSSET, S. M. *Ciclos vitais*. Curitiba, 2001.

ROSSET, S. M. *Compreensão Relacional Sistêmica dos Mitos Familiares*. Curitiba, 1999.

ROSSET, S. M. *Compreensão relacional sistêmica dos sintomas*. Curitiba, 2002.

ROSSET, S. M. *Corpo, mito, destino e liberdade*. Curitiba, 1991.

ROSSET, S. M. *Desenvolvimento de pertinência*. Curitiba, 1999.

ROSSET, S. M. *Espaço de casal e o espaço de pais*. Curitiba, 2005.

ROSSET, S. M. *Famílias com adolescentes*. Curitiba, 2008

ROSSET, S. M. *Indicações* – Quando família, casal, individual ou grupo. Curitiba, 1989.

ROSSET, S. M. *Mudança*. Curitiba, 2013.

ROSSET, S. M. *O Conceito de colusão*. Curitiba, 1987.

ROSSET, S. M. *O respeito e a compaixão na relação terapêutica*. Curitiba, 2002.

ROSSET, S. M. *O uso da teoria geral de sistemas na prática clínica*. Curitiba, 1996.

ROSSET, S. M. *O uso de rituais na psicoterapia*. Curitiba, 1995.

ROSSET, S. M. Padrão de interação do sistema terapêutico. In: *13º Congresso Internacional de Terapia Familiar da IFTA*, Porto Alegre, nov. 2001.

ROSSET, S. M. *Prevenção de neurose*. Curitiba, 1984.

ROSSET, S. M. *Psicologia do parto*. Curitiba, 1983.

ROSSET, S. M. *Sobre padrão de funcionamento*. Curitiba, 2019.

ROSSET, S. M. *Terapia de Casal* – O Casal em Transformação. Curitiba, 1997.

ROSSET, S. M. *Terapia de casal ou supervisão de pais quando os filhos têm problemas*. Curitiba, 2005.

ROSSET, S. M. *Terapia de família Relacional Sistêmica*. Curitiba, 2008.

ROSSET, S. M. *Terapia familiar* – Origens e histórico da terapia de família. Curitiba, 1989.

ROSSET, S. M. *Terapia Familiar* – Origens e Históricos. Curitiba, 1989.

ROSSET, S. M. *Terapia Relacional Sistêmica Individual*. Curitiba, 1997.

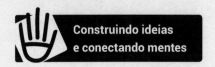

Este livro foi composto com tipografia Bembo Std
e impresso em papel Pólen 80g/m²
na Gráfica Formato em março de 2024.